U0827678

博瑞森图书
BRAGE

企业阅读 本土实践

韩旭◎著

中小农业企业品牌战法

企业管理出版社
ENTERPRISE MANAGEMENT PUBLISHING HOUSE

图书在版编目(CIP)数据

中小农业企业品牌战法 / 韩旭著 . —北京:企业管理出版社, 2016. 11

ISBN 978-7-5164-1340-1

Ⅰ. ①中… Ⅱ. ①韩… Ⅲ. ①中小企业 - 农业企业 - 品牌战略 - 研究 - 中国 Ⅳ. ①F324

中国版本图书馆 CIP 数据核字(2016)第 211021 号

书　　名:中小农业企业品牌战法

作　　者:韩　旭

责任编辑:程静涵

书　　号:ISBN 978-7-5164-1340-1

出版发行:企业管理出版社

地　　址:北京市海淀区紫竹院南路 17 号　邮编:100048

网　　址:http://www. emph. cn

电　　话:总编室(010)68701719　发行部(010)68701816　编辑部(010)68701638

电子信箱:80147@ sina. com

印　　刷:三河市文阁印刷有限公司

经　　销:新华书店

开　　本:170 毫米 ×240 毫米　16 开本　15. 5 印张　220 千字

版　　次:2016 年 11 月第 1 版　　2016 年 11 月第 1 次印刷

定　　价:66. 00 元

导读

如果你不认识我，当你翻开这本书的时候一定会有这样的疑问：韩旭是谁呀？或者你会小声嘟囔一句：这年月谁都能出书。

的确，在这个信息泛滥的时代，要想攒一本书本也不是什么难事，亦或者……（此处省略部分内容），但是难就难在写的得是自己的东西，难就难在内容上不能注水，也就是俗话说的得是干货，所以经过3年多的实践和思考以及6个月的笔耕，才有了这区区13万字的书稿。真心感谢博瑞森务实求真的策划理念，只是因为看中了书中的内容就决定帮助我将这份心血出版成书。

韩旭是谁？韩旭其实就是一个活得有点纠结的人：没什么商业头脑却干着商业经营的事，喜欢搞点研究却苦于根基不深还要屈从于商业利益。（没办法，为了生活人有时候就得这样跟自己过不去）不过后来仔细想想，也没什么过不去的，时间还不是一样在分分秒秒地溜走，转眼之间走出大学校门都18年了，整整一个好汉长成的周期呀！18年里，我先是从广告圈跳进了销售圈，然后又从销售圈跳到了咨询圈，最后在咨询圈开始创业，就这样一路干着、学着、思考着。在这18年的岁月中，有一堆大大小小的品牌和我彼此见证着对方的成长，像衡水老白干、黑土地酒、六个核桃、山庄老酒、泸州陈酿、隆泉酒、大名府、绿宝露致养原浆、完达山、味道府、青松岭、筝阳、印耕农业、近心农业等。如果说人活着就是一场修行的话，那工作就更是一场修行，18 年时间沉淀下来的有经验有教训，更有启迪，它不断带给我更深的体悟。

2012 年第 1 家农业公司找正知正行做品牌全案策划，这是我正式将目光投向农业领域的开始，尽管我一直都是个农民。后来我渐渐发现农业并不像想的那样容易——做品牌不是简单的设计，也不是提炼一句品牌口号和几个产品卖点就能搞定的，品牌要解决的是销售的问题，要解决销售的问题就得研究行业、研究竞争、研究消费者、研究运作模式……就这样我在品牌农业领域越陷越深。

对于品牌农业的研究和思考也不仅是因为工作需要，更重要的是从中我发现了乐趣，找到了满足的快感。当然这些满足和快感是以品牌农业现实存在的问题为导向的——想明白一个问题、做明白一件事情，无论是大问题还是小事情都能带给我满足感。

从大农业范围来看，除了少数企业（如金沙河、新希望）的通过快消品化已经形成规模并实现品牌经营之外，大多数企业还属于没有品牌力的中小企业；除了少数立足于渠道经营或电商平台运作之外，大多数企业搞的是全产业链经营，很多企业正是因为搞全产业链运作而陷入了尾大不掉的困境之中。

围绕这些问题，我把本书的内容分为 3 个板块。

首先，在开篇中提出了品牌农业的两条思考路径：一是从“市场”出发，先研究产品的问题，然后再围绕产品，做全产业链布局、构建经营模式；二是从“客户”出发，先考虑品牌怎么定位，再拟定营销策略，设计渠道模式，组建并打造营销团队。

这一思维逻辑是用出路指导来路，而不是从来路上找出路。

第一板块的内容主要是关于农业的。除了分析农业的现状和趋势之外，还对全产业链运作进行了辩证思考，提出了品牌农业的战略思维，包括如何构建自身经营模式、如何进行全产业链布局等。

第二板块的内容主要是关于产品的。结合农产品的行业特性，探析企业如何才能做出好卖的产品、如何建立自己的产品结构，提出了地方特产走向全国化的关键路径和突破点，并对当前企业在产品开发上存在的问题做了分析。

第三板块的内容主要是关于品牌运作的。其中包括如何认识品牌的价值、如何进行品牌的顶层设计、如何构建渠道模式，互联网营销应该怎么做、如何从产区品牌借势等。

最后一部分是从政府推动品牌农业发展的角度出发的，因为这是当下不可忽视的关键力量之一，包括政府应该如何管理和运作产区品牌、如何做好区域农业的战略布局等。

尽管案例有限、实践有限，很多问题未必思考得深刻，一些观点也有可能有失偏颇，但还是真心希望书中的内容能带给致力于品牌农业经营的尚未实现品牌力和规模化的广大农业企业更多思想上的启发和实践中的帮助，哪怕只是其中的一句话、一个观点、一段文字也好。

对于书中的几个案例如致养原浆、举个栗子、印耕农业、邻大妈、富岗等，我认为还是很值得一读的，那都是实实在在发生的。

自序

为什么要聊品牌农业

品牌农业，顾名思义就是农业的品牌化经营。

从大农业范畴来看，目前已经具有品牌影响力的企业，无一例外都采用了快消品的运作模式，它们普遍靠做精产业链的加工和营销环节实现了品牌的崛起，如新希望、金沙河、汇源、老干妈等。此外，在农业领域能够做出有规模和影响力的农业公司还有两类，一类是出口型农业企业，另一类是原料型农业企业。另外，还有一类农业企业，它们或者立足于全产业链经营或者专注于某一细分领域，由于自身能力或产品品类的限制，虽然已经在农业领域苦苦坚持了多年，仍然面临突破无门的窘境。

随着2013年国家土地流转政策的出台，各类资本纷纷涌进农业领域，新一轮农业投资热在神州大地迅速蔓延开来，农业企业如雨后春笋般纷纷成立。新兴的农业企业普遍采用的是从农业种植/养殖到终端产品销售的全产业链经营模式，从公司成立伊始就着眼于B2C的品牌建设方式。从整体营业范围来看，他们除了经营农产品外，还经营休闲农业、地产农业、体验餐厅等。

伴随着这一轮的农业投资热，有两个显著现象值得关注：一是已经通过快消品模式实现品牌化经营的农业公司，开始加速在农业的全产业链布局，例如，汇源果汁就已经进入了果树种植领域；二是受国家政策鼓励的影响，加上普遍被看好的国内消费市场前景，企业为了获取更好的利润回报（例如，出口型和原料型农业企业）纷纷开始了自己的品牌建设征程。由此来看，全产业链正在成为农业领域的常态经营模式。

但是，与农业投资热不协调的是，农产品的市场热、消费热并没有如期而至，大多数农业企业的经营业绩不尽如人意，更有不少企业仍处于亏损状态，尤其是新兴的农业企业和正在进行品牌化经营的出口型、原料型农业企业。在经过多年的摸爬滚打之后，不少企业发出了这样的感慨：我们做农业土地经营没问题，但是对做品牌、做市场确实不擅长，这一方面应该找专业的人来负责。

事实确实如此，导致这种局面的原因，除了企业自身专业能力和外部市场因素外，最重要一点就是受制于资金、技术和人才的全产业链运作，因为过多的投入环节致使企业资源分散而无法打造出核心竞争优势，难以形成市场竞争力。

对于如何做好品牌农业，不同的人会有不同的观点。但在实践方面，尚无成型的模式和方法可供参考。大多数企业仍在摸索中前进，尤其是最近几年新成立的中小型农业企业表现得尤为突出，他们不敢试错也无力承担创新的风险，可谓步履维艰。

抛开以大资本为代表的农业企业（恒大、联想、万达等）以及已经实现规模化和品牌化经营的农业企业（新希望、中粮集团、首农集团等）不谈，正知正行重点以中小型农业企业为思考对象，结合在快消品领域多年来的品牌经营实战经验以及对品牌农业领域的研究和思考，提出了农业企业如何获得竞争优势进行市场突围的建议。

第一，以战略产品为导向，以核心能力为依托，整合各级产业链资源，而不一定要企业自建自营全产业链。

第二，以品牌和科技为主要手段，提升溢价能力，避免陷入同质化竞争，赢得市场竞争优势。对多数企业来讲，品牌经营是解决这一问题的最佳选择。

围绕这两个方面的内容，我们重新定义了品牌农业，提出了解决产品问题的思路和方法、以全产业链整合为核心的农业产业布局策略与方法以及实现农业品牌化经营的关键问题和解决思路。

这是正知正行对品牌农业的思考！

韩旭

2016年2月25日

前言

2013年5月18日，阳光明媚，云淡风轻。

我和我的助手小明受邀前往保定一家农业企业洽谈合作事宜。我们在去之前已经通过电话了解到这是一家主要做冷冻蔬菜出口的企业，年销售额在4亿元以上。近些年因为国际市场行情不好，加上企业产能的连续扩张，该企业急需拓展国内市场，所以希望在品牌和营销方面寻求专业上的帮助。

到了企业之后，在老板的陪同下，我们参观了车间和厂房。参观途中，老板向我们介绍了企业的情况。

企业成立已有5年，老板在当地掌握的社会资源很好，当初是因为看到农业的前景才开始做的，从公司成立到现在一直发展得比较顺利。公司当前为了平衡淡旺季原材料成本的考虑以及进一步丰富产品线的需要，新上了果蔬汁和果酱两条生产线，预计明年投产。

目前企业的蔬菜销售主要有两大途径：一是向欧美市场出口精加工的冷冻蔬菜；二是与当地政府联合运作一个大型蔬菜批发市场，面向国内批发销售，主要覆盖京、津、冀及东北部分区域。

值得肯定的是，企业一直保持着良好的产品品质，每年有相当一部分蔬菜是被外地商家（如寿光的蔬菜商）就地贴牌之后高价卖到了北京、天津等地。该企业想做品牌，除了释放产能的需要外，主要想通过品牌来提升企业的溢价能力，目前正在考虑是从保定还是从石家庄启动市场，但具体怎么做还没有明确的思路。

参观结束之后，回到会议室，我们提供了一份关于品牌农业的行业研究报告，为企业提出了如何解决从农业的产业化布局到品牌化营销问题的思路和方法。报告中有两个方面企业非常感兴趣：一是销售渠道的建设；二是营销团队的建设。当然，这也是企业自认为当前最欠缺的两项内容。

对该企业的品牌营销，我们就以下 3 个方面进行补充。第一，关于品牌，目前企业已经注册了几个名称，可以考虑选一个合适的来用；第二，在市场运作上，企业很看重石家庄的省会地位，如果要做的话，建议先从北方的超市入手，物流和供应没有问题，终端冷藏设备也可以支持，或者考虑在石家庄开一个品牌专卖店；第三，目前销售人员比较欠缺，就一个人，以前是老板的司机，做事很踏实但是毫无销售经验，对品牌营销也几乎不懂。

后续的沟通也主要围绕这几个方面展开，最后正知正行为该企业提了 3 点建议：

第一，该企业首先要考虑的是产品问题，而不是先做哪个市场。

产品是实现品牌营销的关键内容，任何企业都要有自己的战略主打产品。战略产品的选择，需要立足于企业的生产能力也需要考虑市场需求，不能简单地“洋为中用”。虽然目前该企业的冷冻蔬菜产品技术成熟，优点明显、价格也不高，但是必须考虑市场接受度的问题。所以，最终用什么样的产品作为主打、建立什么样的产品结构，必须要结合市场需求和企业的产品资源综合考虑。

第二，品牌和商标是两回事，商标注册只是实现了对品牌名称在法律上的保护，而品牌真正要做的是建立起消费者对品牌名称的关键信息联想，真正的品牌价值是这些信息，它能够直接影响消费者的购买决策。

所以，品牌命名要考虑到品牌定位，结合产品特点和市场竞争进行选择。

当然，从战略层面上看，做品牌经营还需要从顶层梳理思路，规划好品牌模式，然后再根据产品需要进行品牌开发或概念延伸。

所以，是否启用企业已注册的商标，仍需做专业评定。

第三，渠道是为品牌销售服务的，最终选择哪种渠道以及采取什么样的运作方法，是由品牌定位和营销策略决定的，具体运作还要结合企业的资源能力。所以，现在谈从哪种渠道入手操作，还为时尚早。

从企业出来之后，小明就他的困惑问了我一些关于企业品牌经营的问题。

“领导，这家企业实力真不小呀，在农业领域，企业一年能做到上亿就非常不错了，它都 4 个多亿了。而且企业的产业链布局也基本完整，种植基地合作社、加工厂房生产线，还有综合批发市场、几万平方米的冷库等，你说老板当初咋想的呢?”

我说：“其实也没那么复杂，一开始都是赚钱的思维，就是怎么能赚钱怎么来。企业嘴上说当初是因为看好农业发展的前景，其实当时看中的是“钱景”，一定是抓住了某个机会，或者是先有了出口的渠道，才开始建的农业基地、上的加工设备，当初很多企业都是这么起步的。

“企业建成之后，后续一段时间的发展还是依靠国家政策的支持。比如，政府想建批发市场了，企业就抓住机会参与进来了，政府要推进农业深加工了，企业就率先上了加工生产线等。通常情况下，只要是农业产业链中涉及的环节，企业在能力允许的情况下都会去做。企业的思考逻辑是：做农业土地是基础资源，而且是有限的、有价值的资源，所以必须得拿到手，拿了土地之后再考虑种什么、怎么种，再考虑怎么做加工、做什么产品，整个产业链涉及的环节都有增值空间和产品化的可能。所以，企业都会积极去做，这是本能。

“但是，企业在发挥自身资源整合能力的同时，却往往会忽视自身的资源转化能力。俗话说，花钱容易赚钱难，如果销售渠道建立不起来，再完善的产业布局，再先进的生产设备也运转不了。传统的批发市场是低毛利的销售，企业要提升自身的盈利能力必须依靠品牌建设或走向农业深加工。”

小明说：“领导，你看咱们接触了这么多家农业企业，几乎没有一家是先研究市场之后再考虑做的，最初都是冲着机会去的，等干起来了才开始考虑市场的事儿，这个思路好像不太对吧？”

我说：“先研究市场再做企业，理论上是对的，但现实不一定行得通，大多数企业不会重视也没有能力这么做。这家企业已经算是幸运了，它是先建立了销售渠道，才进一步建起基地和厂房，所以从一开始就不用担心生存的问题，现在要解决的只是发展问题。很多企业虽然拿了土地，东西也种上了，却没有销路，结果赔的一塌糊涂，正为生存发愁呢。”

小明说：“那这家企业的品牌应该从哪儿入手，营销应该怎么做呢？”

我说：“没法做，除非是找到了能支撑起企业发展的战略产品。目前的冷冻蔬菜肯定不合适，如果考虑直接做中高端鲜蔬菜，要么是团购、要么是KA超市、要么做宅配，要么做礼品，但是渠道建设难度太大，企业做不来，短时间内也释放不了企业的产能。所以，在找到合适的产品之前，这家企业只能继续靠出口生存，品牌营销也得放放。”

通常情况下，企业习惯于按照“农业起点到终点”的思维顺序展开产业链布局，即先是考虑土地的事儿，再是考虑种什么或养什么，然后考虑做产品做加工，再研究做销售、做品牌、建渠道、建团队。

但是如果按照产业链顺序思维所进行的产业链布局，常常会出问题，比如产业链整体运营效率低、产品与市场需求脱节、各种资源价值最大化释放以及缺少关键价值环节等。

所以，做农业产业链布局需要企业具有相应战略高度，要打破惯有的产业链顺序思维模式，用“出口”指导“入口”，即从以市场为导向和“客户需求”这两个角度进行思考。

第一，从“客户需求”出发，先考虑做什么产品，哪怕只是一个产品概念，然后再围绕这个产品概念，从战略层面考虑全产业链如何布局以及建立什么样的经营模式，一切战略布局以产品为核心展开。

第二，从“客户需求”出发，先考虑品牌怎么定位，再确定产品的具体形式和内容，然后是根据品牌定位，拟定具体的营销策略，设计渠道组合模式，组建并打造营销团队，一切策划以品牌为核心展开。

这就是我们思考品牌农业的思路，也是品牌农业必须完成的两个顶层设计：

首先，以产品为核心的经营战略和模式设计。

其次，以品牌为核心的营销策略和模式设计。

品牌农业是现代农业的重要形式之一，它是以市场为导向，以农业产业化为基础，以企业为主体，以现代化营销为手段，结合企业品牌和产区品牌的经营模式，用第四产业贯通一二三产业，通过品牌化经营，实现农业持续、高效发展的一种经营模式。

目录

第一部分

农业是条道

一个人解决问题的水平是由他定义问题的水平决定的——尼采。任何一个问题的有效解决，都需要站在该问题的更高层面对其有清晰理解并寻求解决之道。农业的问题，说到底根源不在农业自身，而在于企业对农业的认知高度。

作为企业来讲，时刻需要考虑两个问题：一是你的独特优势是什么，怎么用它来赚钱；二是你的基础设施怎么建，这是为未来准备的。

中国人对农业有情结。

几千年的农耕文化早已根植于每个人的灵魂深处，即使在繁华都市之中，大多数人不是从城中村改造出来的村民，就是通过上学或务工从农村进城来的。即使当下不再务农，但是在他们的骨子里依然是农民，而且随着在城市生活的时间越长，他们内心对于土地、农村的眷恋也越深。

正是这份情结作祟，很多人对农业一直心存向往，他们需要的只是一个机会。一旦机会来临，他们对农业的热情就会爆发，投资也好、投机也好都无可厚非，本质还是有一份情结在。因为情结在，做好农业的心就在，剩下的就是路径和方法、时间早与晚的问题了。

当农业的经营主体从农民变成了企业，农业也从原有的自给自足，走向市场和竞争，做农业也开始变得复杂起来，但是复杂的不是农业本身，而是企业想要做好农业、赢得市场竞争、获得更好利润回报的愿望。

时至今日，很多人还在想着怎么进入农业领域，同时一部分人正在凝视着脚下的土地，思索着如何经营、如何创造价值。另一部分人正在办公室里为销路和市场发愁，当然也有一些人在想着怎么做大做强，怎么走向更广的市场。

近些年农业确实很热，这一点连邻居的阿姨都看得出来。曾经在楼道里遇见阿姨，阿姨对我讲："小韩呀，你们搞农业策划可是搞对了，生意一定很不错，你看咱们小区门口这几年新开了多少农业品牌店呀，卖蔬菜的、卖水果的、卖猪肉的等，看起来都老好啦，你们是不是就给企业策划这些东西呀?"

说真的，每次听到这样的话，我的心里都会多增加一份忐忑和不安。邻居阿姨虽然看到社区门口开了那么多家的农业品牌店，但是她并没有注意到这些开了关、关了开的店中间已经更换了多少次招牌。

有人说：未来20年是品牌农业企业百年一遇的产业革命和财富浪潮，也是成就伟大品牌和伟大企业家的历史性时期。这种战略性机遇期的出现，既来自于国家政策上的利好，也来自于消费升级带来的现实需求，更来自于中国几千年饮食文化的积淀和厚积薄发。

我相信这句话不是妄言，正所谓时势造英雄。未来几年在农业领域一定会有一批优秀的品牌和企业家脱颖而出，不过尽管前景光明，但其过程必定会困难重重。这将是一个大浪淘沙的过程，有人会胜出也有人会落败，一批企业和品牌势必被淘汰，这是任何行业发展的必然过程。

对刚刚起步不久的中国品牌农业来讲，我更相信这句话的激励价值：一群怀揣着财富梦想、内心痴缠着农业情怀的社会中流砥柱，在中华民族伟大复兴的时代洪流中，眼望着上一轮以房地产为引领的财富浪潮正在慢慢退去，品牌农业就像孕育着希望和梦想的沃野，等待着他们去开疆辟土、去建功立业，去实现生命的价值和人生的意义。

当初，很多人就是一激动从事了农业，一批跟着一批，前赴后继。

对于品牌农业，我们无须吹捧，也无须争议，最需要的是客观和冷静地面对。

思路决定出路，“认知”是“行动”的前提，只有更深刻、更系统地认识农业，才有可能把农业做得更好，让企业更有市场竞争力，否则可能企业的起点即是终点，所有的努力都是在加速死亡。

所以，我们必须重新认识农业，尤其是对于那些立足于品牌化经营、正在着眼于全产业链运作的企业，那些刚刚进入农业领域时间不长的企业，那些过去依靠出口或为其他企业做原料供应的现在急需转型做市场的企业。

第一章

大机遇冷思考

农业是国之根本，它不仅关系着全国人民的吃穿，更关键的是，在三大产业中，农业处于龙头地位，它对带动其他产业发展、推动国家的城镇化进程，带动整体经济的增长都具有重要的战略意义。

2012 年 5 月，中央电视台历时 13 个月拍摄完成的《舌尖上的中国》在央视首播，一经播出便迅速红遍全国，紧接着该片于 2012 年 7 月在台湾公视播出，2012 年 9 月在新加坡星和都会台播出，2012 年 10 月起在香港 TVB 翡翠台播出。时至今日《舌尖上的中国》已经制作播出到了第 3 季。

作为国家级媒体，如此大规模地、耗时耗力地去制作一部介绍中国特色美食的专题片，不仅是为了收视率，而是有更深层次的战略考量，即弘扬中国饮食文化，把各地的美食推向全国，把中国的美食推向世界。

中国人是最懂吃的民族，这一点全球公认，正如民间流传的那句："人生三大享受'吃中国饭、住西洋房、娶日本老婆'"说明了中国人对吃尤为讲究。

吃的背后是什么？全是农业，吃是农业核心的终极出口之一。虽然农业不全部都是服务于吃，但是对于推动农业发展来说有着重要的战略意义，因为结合近几年来国家出台的农业扶持政策和优惠鼓励，我们都可以深刻感受到国家在战略规划上对农业的重视。

第一节　农业的机遇与挑战

雷军曾经在一次公开演讲中说过："在创立小米之前，我一直认为只要努力和勤奋就可以成功，所以我一直都很勤奋，当我 28 岁开始掌舵金山软件公司的时候，我被称为中关村最勤奋的 CEO。但是后来随着年龄和阅历的增长，我才渐渐明白，成功不仅需要勤奋和努力，同样需要机会，所以我才决定创建小米。

机会和能力（勤奋 + 努力）是任何行业和个人成功必不可少的条件。农业也不例外，机会是大势，能力则是赢得机会的法宝。

一、农业春风正在吹

农业是“三农”的基础，是国家战略的重中之重。

“三农”即农业、农村和农民，“三农”概念于 1996 年由经济学家温铁军博士提出，2001 年“三农问题”的提法正式写入文件并成为官方和学术界引用的术语，2003 年中央正式将“三农问题”写入政府工作报告。到 2016 年，中央一号文件已经连续 13 年将靶心锁定“三农问题”，而且 2013—2016 年，连续 4 年将“现代化农业或农业现代化”被写入政府文件标题，由此表明“三农问题”在中国发展问题中的“重中之重”。

在“三农”当中，农业是基础，土地使用效率的提升、农村劳动力的释放、农民收入的增加等都必须依赖于农业的现代化发展。农业的问题解决了，农民的问题、农村的问题也就迎刃而解。

土地是农业的核心要素，如今也成为大多数农民发展的束缚。中华人民共和国成立以来，国家围绕土地所进行的几次政策调整，都是意在农业和农民。

第一次，1950—1953 年，这次政策调整确立了农民的土地所有制，实现了土地的“农民个体所有和家庭自主经营”。

第二次，1953—1978 年，这段时间可看作是非常时期。

第三次，1978 年推行的“家庭联产承包生产责任制”，目的更是释放农民的生产力，成果有目共睹。至 2006 年 1 月 1 日废止农业税，中国农民从此过上了种地不用纳粮，政府还发补贴的日子。

2013 年，国土资源部部署开展了“集体经营性建设用地流转指导意见”的研究工作。2014 年，“土地流转”已经成为全社会最热关键词，政策的能量开始得到释放。到2014年6月底，全国家庭承包经营耕地流转面积3.8亿亩，占家庭承包耕地总面积的28.8%，进度之快令人感叹。

政策调整之后，企业变成了农业的经营主体，土地得以实现规模化种植和经营，市场对农业的调控力量得以发挥，农民也逐步变成了农工。随之国家以“企业”和“合作社”为对象的各项农业扶持政策也相继出台，进一步推动着农业的发展。截至2016年4月底，在财政部公布的2016年中央财政预算中，涉农补贴超过24项，仅下达的2016年农业支持保护补贴、农机购置补贴、农业技术推广和服务补贴等相关资金就达到了2011亿元。

与此同时，以2008年的“三鹿事件”为转折点，随着后续由媒体不断曝出的食品安全事件，国家开始在行政管控上不断强化对食品安全的监督，全民的安全饮食和健康消费意识也得以快速提升。另外，消费者的收入水平和消费能力不断提升，市场对高品质农产品的需求逐年增加，并且呈现出明显的“从礼品购买到日常消费、从极少数高端家庭到大多中产家庭”的趋势。

至此，以市场需求为基础、以国家政策扶持为后盾、以企业化运作为主体，全方位推动着农业现代化生产、产业化运作和品牌化经营时代的到来。

二、资本浪潮汹涌澎湃

“资本”具有灵敏的商业嗅觉，它们一方面关注国家的政策机遇，另一方面关注行业的发展前景，近些年来资本对农业的追逐，就是由这两点决定的。

2013年“土地流转”政策的出台，无疑为资本进入农业领域打开了关键的阀门，由此掀起了各类资本进入农业领域的高潮。有战略远见的资本大佬，例如，联想集团（佳沃农业）、大连万达（万达有机农业），还有网易、京东等已经提前为农业发展布局。2014 年，恒大集团也以千亿的规模，对粮油、乳业、畜牧板块进行投资，乐视也融资 45 亿元做起了生鲜生意等。此外，还有不计其数的个人和金融资本也加速进入农业领域。

根据数据显示，2010—2014 年有将近万亿元的工商资本进入品牌农业领域。

有人说，中国的创业正在走向“资本 +”的模式，其实不止是创业，企业的经营和发展也正在走向“资本 +”的模式，农业恰逢其时。就农业来讲，虽然这些资本进入农业领域的形式和规模不尽相同，但是由资本牵头，更多优秀的人才和现代化经营理念也被带进农业领域，这对实现中国农业的规模化生产、产业化运作、规范化经营无疑将起到积极的推动作用。

在这批农业大军中，有的是因为看好农业的未来前景进来的，有的是受国家利好政策号召进来的，当然也有的从其他行业被逼转型到农业上来，比如，很多企业从传统制造业、房地产、钢铁煤矿等转型进入农业领域。虽然各种原因兼而有之，但整体还是因为看好农业发展的前景。

三、农业是炆火慢炖的美味

在中国经济的发展过程中，“跃进式”的推动模式屡见不鲜，也屡试不爽，往前追溯有农业学大寨、工业学大庆等。改革开放之后，煤炭、钢铁、制造业、房地产等行业的发展都或多或少地体现出了这种特性，成效非常显著，不仅成功推动了行业的快速发展，也成就了一批优秀的企业和品牌。

在品牌农业的发展过程中，尽管也呈现出“跃进”的态势，但是要真正实现农业从投资热到市场热再到消费热的全面转变却并不容易，关键不在于国家推动方式，而是由行业特性决定。所以农业企业需要做好充足的准备，迎接现实经营中的各种挑战。

首先，从行业发展现状看，中国农业的基础还比较薄弱，交通、物流、金融等基础配套设施不完善，专业化人才、核心技术能力、以市场为导向的信息化建设等还处在比较低的水平。在短时间内，通过土地流转政策可以快速推动农业从一家一户的分散种植养殖向企业化经营的转变，但是在当前的实际运营中，以合作社为主体的基地模式，仍然离不开一家一户的分散参与，这决定了农业现代化不可能一蹴而就。另外，从行业特性上看，农业还具有产业链长、投入和产出周期长、涉及的环节多等特性，即使有资本支持，要想快速完成这些基础建设、实现各产业链环节的精耕也并不容易，需要一个过程，这是从生产成本和运营效率来考量的。

其次，品牌农业面临更加成熟和理性的市场环境。一是消费者成熟了，变得理性了，对商品的识别能力也提升了，他们不再是盲目地接受，也不会盲目地跟风。更重要的是，与家电、房地产等其他行业蓬勃发展的市场环境相比，现在农业所面临的问题是“消费升级”而不是“消费释放”，消费升级即所谓从“吃得饱”到“吃得好、吃得有特色”的转变。就像中国的房地产市场正在从“保障性住房需求”到“改善性住房需求”的升级转变一样，在“消费释放”期很容易快速出现市场的“井喷”，但“消费升级”则需要一个渐进的过程，注定快不了。

最后，所有参与到品牌农业中的各种行业要素也都在走向成熟和理性，包括资本、技术、人才、信息、渠道、媒体和参与竞争的企业主体等。中国的市场经济已经走过了初级阶段，竞争环境更加复杂，参与竞争的成本也在不断攀升，对企业的要求也越来越高，过去企业生产产品后做套漂亮的包装放到市场就能卖的时代已经过去了。品牌农业要求企业不仅要懂得如何实现“现代化生产和管理”，还得补上“现代化营销”的课，靠“跃进式”的推动只会给品牌农业带来混乱并且会提高市场竞争的强度，招致竞争对手的快速跟进和模仿。任何企业要想快速获得竞争优势并不容易，农业企业也不例外。

这就是品牌农业面临的现实挑战。

四、企业能力仍是立足根本

成功，不是坐等机会，而是迎着机会积极行动起来。

2015年，很多农业企业的日子都不好过，有市场环境因素，更有自身因素，一方面是缺资金，另一方面是缺销路。不是产品卖不出去就是卖不了好价钱，“缺钱”和“缺销路”两个问题纠结在一起，使得企业的生存发展变得更难。尤其是对那些没有资本实力支撑的中小企业来讲，这种状况一旦持续下去，很可能面临倒闭的风险。

发展农业，是一项前仆后继的国家事业，最终由哪家企业获得成功不重要，一家企业倒下了会有另一家企业来接盘继续，但是目标和方向始终不会变。国家给予的各项扶持和优惠政策，目的是推动行业的快速发展，对于农业企业来讲更应该明白这一用意。

对于农业，所有人都很熟悉，但熟悉并不代表懂得经营，因为品牌农业已经远超出我们对农业的传统认知。

首先，现代农业要面向市场，最终要通过市场竞争产生盈利。企业种什么养什么、怎么种怎么养要看市场的“脸色”，但是产品卖给谁、怎么卖得自己解决。农业已经从过去的自给自足变成了一项经营活动，这是传统农业不曾预见的趋势。

其次，现代农业要通过提高农业生产中各环节的科技含量和管理水平来提升农业的整体效率，即提升品质和降低成本。相对粗放型的传统农业来讲，现代农业对科学技术水平、管理精细化程度、品质标准化和经营效益的要求更高。

最后，要实现农业的品牌化经营，也需要时间积累，需要在实践中不断从方法和路径上进行探索和创新，不断进行总结和提升。品牌农业不是起个品牌名称、做套精美的产品包装那么简单，对企业的经营能力有更高的专业要求。

所以，企业的自身能力才是立足之本。

第二节　自投农网的挣扎

2015 年年初，我和小明受邀参加一家企业的年度战略研讨会。

这家企业坐落在某知名水果产区，进行全产业链运营，从上游的果树种植基地、农业合作社到下游的水果深加工和品牌营销全链条覆盖。主营产品是鲜果和水果加工产品，如饮料、果粹等。

这家企业规模不大，但在行业内比较活跃，老板年轻有为，所以近些年企业发展的比较顺利，在当地也算是佼佼者。

该企业在 2015 年的战略规划中，以全产业链运作为基础，重点突出了三个核心：一是投资建设一个超大型的气调库，以确保原材料供应，平衡淡旺季原料成本；二是联合当地政府，投资建设一个万亩规模的水果博物馆，集种植、文化、旅游于一体，大力发展观光农业，为品牌提供外部支撑；三是瞄准高端消费人群，推出绿色无添加的高端果汁饮料，与原有的中低端饮料形成组合拳，最大限度地提高市场占有率。

这份战略报告提完之后，在场人士纷纷表示赞许，有人说企业领导有魄力、有远见，有人说企业的战略规划有高度，总之就是挖空心思为这份规划找各种肯定的理由。

这时候小明说话了："据我所知，企业年销售规模有两三千万元，要快速提高销量在短时间内是不现实的，现在要动用上亿的资金投入这么庞大的产业链系统，先不说钱能不能到位的问题，关键是企业要靠哪个环节或用什么手段，才能驱动整个产业链的运转，实现投资价值的转换呢？这一点从战略上要考虑清楚，只考虑花钱不考虑回收资金是有问题的。”

小明说完之后，整个会场沉默了3分钟。

为了缓解尴尬，我赶紧说：“小明，我忘了一件事，咱们的车好像没熄火，你出去看一下吧!”

“好的，领导!”小明答应一声，起身出去了。

从战略上讲，这家企业的战略规划无可挑剔，无论是建气调库、博物馆还是推高端产品，对于发挥企业的全产业链协同效能、提升品牌势能都将起到积极的推进作用。但是缺少关键出口，无法实现价值的有效转化是战略规划的最大失误，所以3个月之后，便传出了这家企业倒闭的消息。

为什么倒闭？资金链断了。通常情况下，导致资金链断裂的原因有3个。

一是银行抽贷，原有的贷款还回去之后再也贷不出来了。

二是新三板挂牌，为了挂牌企业先后花掉了数百万元，但是没有成功。

三是整体市场低迷，销量下滑严重，毛利持续降低，现金流不足。

事后每每想起，总觉得很惋惜，但这就是现实。虽然这只是一个个例，但是这个个例却有很多企业的影子：销路难、资金难、梦想着新三板能成为救命稻草等，其实仔细想想，企业走到这步田地也不全是偶然。

一、企业必须充分考虑自己的抗风险能力

根据相关数据显示：全国11万家（2015年数据是12万家）农业龙头企业，年销售收入是7.5万亿元，平均销售收入为0.68亿元，其中出口创汇额占全国农产品出口额的80%以上。

从数据看，抛开那些小微型的农业企业，即使只算国家级的龙头企业，年平均收入也只有0.68亿元，而且统计结果包含了部分百亿级的

企业数据，如果没有这些大企业，这一数值会更低。

从整体上看，企业规模小是一个普遍性的现实问题，有品牌影响力的企业更少，大多数企业的抗风险能力很弱。

在这种情况下，企业所有的投资，不管是自有资金还是从资本市场拉的投资，这些资金应该如何使用？第一，要考虑企业的战略布局；第二，要考虑资金的回报率和回报周期；第三，要考虑企业自身的价值转化能力和时间节点。否则资金链可能会断裂，那时候就算有再宏伟的愿景、再高深的战略，恐怕也只能是英雄气短了。

二、不可忽视的经济大环境

从 2014 年开始，“产能过剩”被越来越多的经济学家提及，于是新一轮的价格拼杀在终端市场愈演愈烈——白酒、饮料、服装、家电等，该涨价照样涨、该降价的照样降，小气候我行我素，但是在农业领域却是一个例外。

中国的农业也存在产能过剩的问题吗？品牌农业销路不畅是因为这个原因吗？如果看过中国农产品的进口数据之后，很多人也许就不这么认为了。国家农业部的数据显示：2015 年，我国农产品进出口总额为 1875. 6 亿美元，其中，出口 706. 8 亿美元，进口 1168. 8 亿美元，贸易逆差 462. 0 亿美元。在其统计的五大类农产品当中，除了果蔬是贸易顺差之外（差额 137. 5 亿美元），谷物、棉花/食糖、食用油和畜产品/水产品四大类农产品均保持着高额的贸易逆差。

但是经济大环境对农业确实有影响，那就是“信心”，很多时候信心真的比黄金还重要，它正在影响着参与品牌农业经营的各个环节，包括消费。

除此之外，我们应从市场的角度分析产生问题的原因，关键就是销售渠道不通畅。虽然品牌农业的销售渠道很多，但是能实现渠道销售高效率的却非常有限，除了批发市场和自建渠道外，主要是大宗出口、原材料供应、终端零售和团购。其中，与品牌化经营关联度最高的是自建渠道、终端零售和团购渠道，这三类销售渠道也是能够带来较高利润回报的渠道。

首先，出口渠道的优势逐渐丧失，近几年中国对外出口的增速已经呈现出逐年下降的趋势。很多企业按计划配置的产能不能有效释放，尤其是过去依赖出口生存的企业，纷纷把目光转向了国内消费市场，考虑怎么在国内市场做品牌、做渠道、做销量。与此同时，各类农产品的进口却在不断攀升，例如，水果、羊肉、牛奶等，近期这些进口农产品对中国农业的冲击持续加大。国际贸易在各国不断渗透，导致市场竞争越发激烈，所有这些因素对中国农产品的品质和价格都提出了更高的要求。

其次，经济大环境也不利于农业品牌化经营，受整体消费市场低迷影响，农业下游的农产品加工类企业也出现了疲软，他们不是缩减订单就是压低价格，自然会影响到农业；批发市场虽然有稳定的销量，但是因为毛利低，在市场竞争中缺乏相应的变通手段，只能作为企业产能释放的渠道，要想真正提高销量，只有靠终端和团购渠道。

终端销售靠的是品牌，团购渠道拼的是关系。终端销售是慢工细活，而且能够与农产品相匹配的有效销售渠道非常有限。所以大多数企业选择从团购入手，这也是过去几年做绿色种植、养殖的农业企业的主要销量支撑和利润来源。

在 2013 年之前，“团购渠道”风生水起，但 2013 年之后，团购渠道逐渐失灵。例如，河北一家做绿色养殖的企业，过去靠团购渠道，每年能实现三四千万元的销售额，利润相当好，企业发展前景较为可观。但是 2015 年全年销售额竟低于 500 万，大量产品积压在仓库里，或者低价卖给了同行，可以说，该企业老板整年都在为钱奔走。

这就是经济大环境对品牌农业的消极影响。

三、做农业不是做规划讲故事

每一个做农业的人都是有理想的，但是做农业的理想很多时候更像是一剂让人上瘾的“毒药”——越走越远、越规划越大、越投入越多。尤其是近几年进入农业领域的新兴企业都有一个同感：农业是一个无底洞，越是往里投钱，发现需要投钱的地方也越多，有点让人刹不住车。

河南一家农业企业，规划建设了一个10万亩规模、总投资15亿元的农业城。农业城的规划充分结合当地的区位优势和资源优势，涵盖大田种植、工业加工、观光农业、生态采摘和生态养生五大板块，配套的办公、研发、仓储、物流和生活设施也一应俱全如图1－1所示。

图1－1　农业规划图

说心里话，第一次接触这个项目的时候，我觉得非常好，而且还很高端，不管是从经营理念还是运作思路上，我都认为它堪称完美。

项目是分批启动的，启动之后，企业自然要考虑资金回笼的问题，第一阶段主要规划了三个方面。

第一，工业加工园区的招商，这是收益的主要来源。

第二，绿色果蔬销售，企业采用的是宅配模式，即从田间到家庭直配。

第三，依靠观光农业推动生态采摘和生态养生，进而带动果蔬销售。

然而，实际运行结果如何呢?

首先，关于工业园区的招商，虽然招商收益大，但难度也大。工业园区的招商不是仅靠完美的规划就可以实现的，它必须以整个农业城的良性运转为基础。投资回报是任何企业和个人进行投资的首要考虑因素，在没有完成整个农业城建设、没有进入良性运转之前，完成招商很困难，所以这条路没走通。

其次，关于绿色果蔬的销售，以石家庄为例，据不完全统计，2014年做绿色果蔬宅配销售的企业有数十家，到 2015 年还在坚持的只有三五家。为什么坚持不下去了？关键是企业费用支撑不下去了，经不起连年亏损。

最后，观光农业最重要的特征是用户体验，而且必须是和项目规划相匹配的体验。如果观光体验要实现经济效益，一是硬件设施要匹配，例如，交通、餐饮、住宿等，二是需要软件得跟得上，例如，服务能力、园区特色等。上述条件同时满足才能凸显观光农业的价值，但是要做好不是那么简单的，没有钱、没有人也实现不了。所以体验上不去，收益也难有保障，对其他产品销售的拉动也无从谈起。

所以，在运行一年后，这家企业的运行模式类似于工业企业了，目前该企业主要销售从其他企业代工的产品，依靠这种方式维系生存，其他农业城沦为最大的品牌背书。从资源利用价值上看，无疑是大材小用了。

通过这个案例我想说明两点。

第一，做农业不能依赖完美商业逻辑推理规划自己的经营模式，必须考虑市场需求、研究消费习惯，很多逻辑上成立的事情，在真正落地时，可能会因为之前忽视掉的细节而无法实施。就像大家常说的那句哲语：让你放弃远行的不是因为路途太远，而是鞋里的一粒沙子。这一点关乎产品销路是否通畅，决定着企业资金流转、盈利模式以及利润空间。

第二，在品牌农业的实际操作中，除产业布局外，还有很多隐形的投入和细节需要关注。尤其是当企业以“获利和抓商机”为导向进行投入的时候，农业更像是一个吸金黑洞，让人投资“上瘾”，越是往里投入资金，发现需要投钱的地方越多，到处都是“钱景”，到处都有很大的提升空间。

所以，做农业要接地气，庄稼离开土地是会死的，做农业投入要学会节制，节制的前提是有清晰的战略思路。这一点关乎企业的资金流向，决定着资金的使用效率。

这是农业的魅力，也是农业的“陷阱”。所以，对农业企业来讲，制定清晰的战略目标，选择合理的战略路径，知道有所为有所不为，懂得做取舍，才是真正的经营之道。

第二章
用战略做统筹

有一次拜访客户回来，小明给我提了一个建议："领导，你说咱们做品牌策划，跟客户聊什么战略，客户可是研究生毕业，对于金融问题都是科班出身，也掌握战略规划的相关理论知识，会不会言多必失呀!"

"有道理，不过我们也是希望多给客户一些建议。"

"你这就是好为人师，人家就想问你怎么才能生个儿子，你非跟人家聊怎么恋爱、怎么谈婚论嫁、怎么经营婚姻，这压根儿就不是一回事儿吧?"

"好吧，小明，我虚心接受你的建议，我会反省完美主义者的缺陷，不过得先听我说完。"

"好吧，领导，你接着说，我还有工作没完成，你拿录音笔录下来，回头我一定认真听。"说完，小明转身出去了。

其实小明的话，曾有位资深的前辈也对我说过，他也认为做品牌咨询就该谈品牌的核心问题，最好别跟企业谈战略，尤其是不要对企业的战略妄加评论。

我明白他的话里所包含的两层含义。

第一，战略的话题太大，专业要求很高，做品牌咨询的人去聊战略，可能会显露出专业不足，说多了容易露怯，所谓言多必失。

第二，每个老板做企业的初衷和动机都不一样，有的想靠经营企业盈利，有的则是以企业为手段想着从资本市场上赚钱，还有的做企业只是幌子，目的是方便开展其他领域的业务，还有的企业是为了拿到土地，等着将来升值等。总之，各种目的兼而有之。所以战略有可说与不可说之分，有虚实之分，才显得战略高深莫测。

对于第一层含义，我深表理解和感谢，这是善意的提醒。

对于第二层含义，我表示不能赞同。我认为，战略从来就没有可说与不可说之分，只要以企业经营为出发点，不管是以经营为本还是以掩护为目的的都是战略。但是，圈地和投机根本不能算作战略，只是生意手段。

我们要说的战略，是立足于企业经营，围绕如何抓住市场机会、建立竞争优势、赢得市场竞争的战略，这种战略对企业的品牌建设、经营模式设计，甚至是营销策略的制定都起着决定性作用，不可回避。

第一节　战略是航标

浙江蓝美科技股份有限公司致力于蓝莓全产业链运营，企业每年培育苗木达到2000多万株，拥有100多种苗木品种，蓝莓种植规模已有3800亩。另外，深加工产品包括蓝莓果汁、果酱、果干、蓝莓酥、蓝美果酒等。从上游的蓝莓育苗，到蓝莓种植和蓝美庄园（观光农业）筹划，再到蓝莓深加工和销售，已经实现了一二三产业的联动发展，公司步入良性运转的轨道。

这家企业于2010年在浙江省诸暨市正式成立，一次偶然的公益行为成为公司最初的起点。杨曙方（蓝美股份董事长）在正式成立蓝美股份之前，在其他领域做得已经非常出色，在当地也稍有名气。当地政府认为，种植资源是天然的优势，并且正在规划在山上种植更多的蓝莓，但是销路却是发展的屏障，于是，政府想借助杨曙方的能力和资源帮助本地村民脱贫致富，他的企业规划可以结合当地种植蓝莓的情况展开，一方面，可以扩展企业业务，另一方面，可以为乡亲们多做贡献。

正是出于想为家乡做点贡献的初心，杨曙方为村民购置了大批蓝莓树苗，当地的蓝莓种植就此开始，杨曙方与蓝莓就此结缘。

这批蓝莓树逐渐成长，杨曙光与蓝莓的接触也逐渐增多，对蓝莓的了解也更加深入。就此，他发现了蓝莓的市场价值，敏锐地洞察到蓝莓的产业前景，于是，萌发了对蓝莓加工产业的兴趣，后来，蓝美股份成立。就这样，这家企业一直做到现在，做出了今天的规模和影响力。

一、初心很重要，它不是矫情

在前面的内容中，曾经讲到，在这些年新进入农业领域的大军中，每个企业的缘由和动机各不相同，除了极少数有农业情怀和资本大佬的战略投资外，最典型投资功绩的有以下两类。

第一类是从其他领域转型到农业领域的个人和企业。一方面，它们看好农业的行业前景，另一方面，也看到政府对农业的扶持政策，加上原来的行业不景气，所以就想办法、找资源转行做了农业。

第二类是机缘型的个人和企业。它们往往是因为某个机会或某件事，才做了农业。它们具有灵敏的商业嗅觉和广泛的消息来源，善于捕捉商业机会，所以，嗅到了农业的商机。另外，它们积累了相关资源，就顺势做了农业。

相比于联想、网易、万达等商业资本大佬，这两类企业更像是农业领域的投机客。联想、网易、万达等资本有规划、有策略，它们在进入农业领域之前，已经做过认真的市场调查和可行性分析。例如，2012年成立的联想佳沃农业，早在2010年，联想就已经组建专门的团队进行农业调研，它们有清晰的战略目标和发展方向，有科学的投入和产出周期规划，在资源能力的预估和心理预期上都做好了充分的准备。所以，无论短期经营是赔是赚，这些企业都能够坚持做下去，即使当下遇到一些难题和困境，它们也不会轻易放弃。

但是，对农业的投机客来讲就不同了，它们大多数都是走一步看一步，遇到什么问题解决什么问题，没有形成预见问题的意识。人无远虑必有近忧，这类企业必然会陷入经营困境，如果没有长远目标和清晰的战略规划，它们的"近忧"也将伴其终生。

上述提到的浙江蓝美股份，并不是要说这家企业做得有多好，而是想探讨做农业的初心和动机——为什么做？用什么坚持？尽管蓝美股份进入蓝莓行业也实属偶然，但是企业能做到今天的规模，而且能够保持扎实稳健的发展态势，是因为企业从建立之初就有清晰的战略目标和方向，每一步都知道自己想要什么，基本功做得很扎实，包括人才的选拔、技术的创新、品牌的创立、有序的扩张等，企业才能保持稳健的发展步伐。

这些因素由企业进入某个行业的初心和动机决定的。

二、投机心理作祟导致战略缺失

面对同样的问题，因为动机不同，企业所选择的解决方法也不同，所以，当遇到困难、感到迷茫时，那些投机客就开始动摇了。

因为当初进入农业领域时带有很大的投机心理，它们的一切行动以眼前利益为导向，而忽视长远发展战略，所以它们更容易陷入经营困境。

首先，战略的缺失致使它们从一开始就没有清晰的目标和愿景，对未来的发展规划不足，路径选择不明确，每走一步都是见机行事。尤其在产品选择、经营模式方面，属于见招拆招，随行就市，对品牌的运作也仅限于它的商标价值，企业没有进行发展规划和路径选择，就不能预估风险和困难，不能把握市场机会与自身能力的关系，在经营过程中会经常遇到困难。

其次，投机心理作祟，浮躁心理影响企业的运作过程。尽管在实际运作中，企业也会在各方面做积极尝试和努力，但几乎都是浅尝辄止，遇到困难轻易掉头，不懂得坚持也不愿意坚持。所以就难以做强、做大，只能产生极少的实效价值，结果就是浪费资源。

这种情况下，企业的发展无法完成更多的原始积累，诸如技术水平、团队能力、品牌价值和模式探索等方面。所以，几年时间下来，再回头去看，除了企业老板变富外，其他的还是最初模样，公司一直在原地踏步。

因为严重的投机心理导致企业在进入农业领域之前对行业认识不足，例如，不能预估农业投入与产出周期，不能适当地匹配各项资源与实际价值。农业本身价值链长、环节多，很多企业的规划是全产业链，往往刚开始满怀信心地往前迈了几步，最后都坚持不下来，甚至烂尾，资源开始捉襟见肘，进退两难，更不用说实现成本管控和效率管理了，企业生存都成了问题。

所以，做农业，无论规模大小、时间长短，必须回归初心。发展战略要理清思路，找准方向，选择与“自身能力和资源”匹配的发展模式，拟定合理的发展目标，才能逐步走向良性运转的轨道。

企业发展如果没有战略支撑，很容易陷入老板追求个人喜好和个人满足的窠臼，最终变得华而不实，缺少实效。

三、系统的审视战略

关于战略，已经无需过多探讨，学术界有成熟的理论和观点。战略学家亨利・明茨伯格把各种战略观点归结为十派，最有代表性的当属安德鲁斯和迈克尔・波特的观点。

20 世纪 60 年代，哈佛大学的教授安德鲁斯对战略进行了 4 个方面的界定，并将战略的构成划分为市场机会、公司实力、个人价值观和渴望及社会责任 4 个要素。其中，市场机会与社会责任是外部环境因素，公司实力与个人价值观和渴望则是企业内部因素。他还主张企业应更好地配置自身的资源，形成独有的能力，以获得竞争优势。

迈克尔・波特是定位学派的创始人和代表人物，他的杰出贡献在于实现了产业组织理论和企业竞争战略理论的创新性兼容，并把战略制定过程和战略实施过程有机地统一起来。迈克尔・波特认为，构成企业环境的最关键因素是企业投入竞争的一个或几个行业，行业结构影响着竞争规则的制定以及可供企业选择的竞争战略。为此，波特创造性地建立了五种竞争力量分析模型，他认为一个行业的竞争状态和盈利空间取决于这五种基本竞争力量之间的相互作用。这五种竞争力量是进入威胁、替代威胁、买方讨价还价能力、供方讨价还价能力和现有竞争对手的竞争，其中，每种竞争力量又受到诸多经济技术因素的影响。

在这种指导思想下，迈克尔·波特提出了赢得竞争优势的3种基本战略，即低成本战略、差异化战略、目标集中战略。

从上述理论和观点可以总结出一项完整的战略，应该包含以下几个方面。

（一）要有愿景，也就是战略的目标和方向

马云曾就“水泊梁山”为什么会失败做过点评，他说：“他们有自己的使命（替天行道），也有组织文化（江湖义气、兄弟为大），也有团队能力（108名英雄好汉），但遗憾的是他们从来没有确立自己的愿景，也就是没有目标和方向，完全不知道自己将来要走向哪里，所以最后才会被招安，以悲剧的收场。”

由此可见愿景对一个组织的重要性。有了愿景，就意味着企业有了目标和方向，但是愿景不是凭空而来，需要结合现实的关键因素进行综合考量，制定符合实际情况的愿景设计。

1. 行业竞争环境

市场竞争是为了获得比较性竞争优势，了解行业就是要了解竞争对手、了解市场需求。企业要如何更好地满足市场需求，需要建立或者具备什么优势，市场的发展趋势和方向在哪里？怎么才能更好地赢得竞争？对行业竞争环境的研究和分析，可以借助迈克尔·波特的“五力分析模型”进行研究，通过对行业的发展趋势和产业竞争环境进行分析，发现竞争机会，制定企业的战略目标和方向，这是企业对外部环境的适应性。

2. 企业创立者的愿景

从某种程度上看，企业就是企业家奋斗的产物，企业的发展方向和

目标不可避免地会带有企业家个性的烙印，除了企业根据行业环境制定的战略目标和策略外，企业家的愿景是影响企业发展的一个重要因素，包括老板个人的喜好、情结、理想和经历等，虽然带有一定的主观意识性，但是对企业发展至关重要。

3. 企业的资源和能力

企业在做决策时，最终的落脚点在于衡量自身的资源和能力，目标的设定取决于能力的大小和资源的多少，因为企业的资源和能力是设定战略目标和决定发展方向的基础。

（二）战略也是竞争，需要考虑好竞争策略

企业确立目标是为了赢得市场竞争，战略的目的就是要赢得竞争，只有赢得竞争才能赢得市场份额。

所以，从如何赢得竞争的角度理解，企业的战略决定了竞争领域、竞争对手和竞争方式，也决定了在什么地方、进行什么样的竞争以及竞争所要付出的代价等，而在这些竞争要素中，企业研究的重点就是“如何获胜”。

（三）战略是核心竞争能力

从企业看，核心能力既是资金、团队、品牌力、管理能力、核心技术等，也是企业进行行业竞争所要具备的关键性能力和资源。

不同的行业，关键竞争要素不同，企业需要打造的核心竞争力也不同。例如，手机行业竞争的关键要素是产品创新能力，企业打造核心竞争力在于不断提升产品创新能力，而不是山寨他人，苹果正是因其创新得以引领行业发展。但是饮料行业却不一样，竞争的关键要素则是品牌力和渠道掌控力。

为了应对竞争，企业必须持续提高核心竞争能力，并且要根据市场的变化改变竞争策略，找到赢得行业竞争必备的核心竞争要素，然后客观审视自身优缺点，不断改善缺点和不足，提高自身的能力，达到能够

赢得行业竞争的要求。

（四）战略的实现，需要建立独特的配称和运营

企业在明确战略目标和发展方向之后，为了目标，需要建立与支持这一战略目标、发展方向所相匹配的系统，具体包括：管理模式、运营机制、业务流程、组织架构、人力资源、财务配置等。企业建立战略配称系统，为达成战略目标提供执行保障。

与此同时，企业还要结合自身能力和外部竞争环境，从差异化入手，建立差异化的运营和配置，从而有效地发挥企业的优势，避免或持续改进企业的不足和劣势。

（五）战略就是行动，战略就是执行

任何伟大的愿景和目标的实现，都离不开执行力，也就是行动，所以，企业或组织只有行动、行动、再行动，才能实现自己的战略目标。

总之，战略就是“方向 + 目标 + 路径 + 方法 + 资源 + 能力”的综合考量，从这一角度看，大多数企业都缺少完整的战略指导。

第二节　构建经营模式

制定了明确的战略之后，企业必须建立一套独特的运营模式来支撑战略规划。

经营模式是什么？简单理解就是“企业结构化的系统运营体系”，它以盈利为导向，是企业实施战略的路径和手段，从经营模式的本质定义看，即企业的盈利模式。

无论运营模式还是营销模式（统称商业模式），一直被中国企业家所推崇，因为模式可以复制，也可以简化企业家对经营的认识。企业家

对商业模式的推崇从白酒行业所流行"盘中盘""直分销"和"深度分销"等营销模式中得以佐证。

2006年,"商业模式"作为一个舶来概念在中国热起来了,理论界也一度着迷于"模式"二字。2005年,知名财经杂志《商业评论》主办的"年度最佳商业模式评选"活动开始启动,皇明(太阳能)、腾讯(企鹅号)、分众(传媒)、征途(网游)、凡客(男装)等品牌案例都曾榜上有名。

所以,企业要做品牌农业,首先要认识和确立经营模式,即便是不成熟的、需要在实践中不断完善和调整的模式,它也像企业的作战地图,让企业围绕目标运转经营,最终实现高效率。因为农业的产业链长、经营思路繁杂,但是价值优势明显、延伸的空间和获利机会较大。所以,企业在实际经营中很容易偏离目标轨道,会造成要么舍本逐末,要么丧失重心的现象,明确运作模式就能解决这些问题。

品牌农业领域由于行业起步晚,发展时间短,盈利模式多样化,所以,尚无成功的固定的盈利模式可以借鉴,企业仍需在实践中摸索和创新,建立适合自身发展的运营模式。对于这一困境和问题,以下建议可供参考。

一、定位企业价值

企业要根据战略愿景(目标和方向)定义自身的价值,即企业为谁服务,创造什么价值,生产什么样的产品,这是模式的导向。例如,前文提到的浙江蓝美股份,虽然企业实施全产业链运作,但是它的定位是做全国最大的蓝莓原料供应商,有了这一价值定位,企业的运营模式呼之欲出。

二、理清模式的六大关键要素

在企业价值定位的基础上,要理清模式的六大关键要素如图2-1所示。

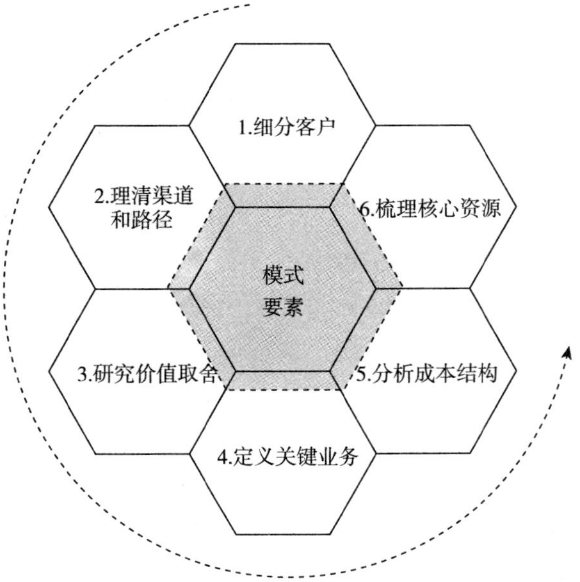

图 2－1　模式六要素

第一，进行客户细分，即企业根据产品或服务，定义和细分不同客户群体，尤其是最有价值的客户群体。原则上以优质客户的价值最大化为目标，考虑不同客户群体的相互影响和联动，避免客户群体的分散经营。

第二，理清渠道和路径，即企业通过什么渠道和路径，以什么方式向客户传递价值，并实现营销战略，也就是如何把产品或服务变成钱。

第三，研究价值的取舍。企业要明确主要收入来源，由于品牌农业价值生产环节多、价值实现渠道多元化，企业必须考虑哪些价值能够带来核心收益，然后做出战略性取舍。

第四，定义关键业务，即放眼全产业链，企业要根据核心价值要素和实际的需求，明确经营的核心业务。例如，哪些环节要重点关注，哪些只是暂时性需求，哪些可以通过外包实现，明确各个环节轻重缓急，定义关键业务，得以预见企业未来的外部合作事宜。

第五，分析成本结构，即企业要做好每一个环节的成本预估，明确构成要素以及如何管理和控制这些成本。

第六，梳理核心资源，即企业拥有的资源和能力是否足以支撑以上战略规划，并且要明确哪些是必须具备的，哪些是具有可替代性的以及如何获取必备资源和提升能力。企业根据所拥有的资源和能力，对以上五点做合理性调整。

例如，浙江蓝美股份明确了“做全国最大的蓝莓原料供应商”的价值定位之后，经营核心业务就是“掌控蓝莓原料”和“蓝莓深加工能力”。此时，终端产品的研发就成了原料销售的工具，深加工技术成了关键，蓝莓树苗的培育成了掌控蓝莓原料的保障，渠道和品牌建设反而不再是企业的经营重点，所以企业才没有陷入战略的迷茫之中。

三、建立各要素、各环节之间的联系

企业在具体运营时，要建立各关键要素、各关键环节之间的联系，形成相互之间的衔接和联动，把人、财、物协同起来，最终形成系统的运营模式。

这就是经营模式，做品牌农业尤其需要研究。

第三节　用战略驱动资本

资本，不管是对当下缺钱的企业还是不缺钱的企业，都充满诱惑力。大企业想上市，就等股市好转，等注册制的出台，小企业则在想方设法去新三板挂牌，更有甚者，为了快速从资本市场拿到钱，不惜开出对赌条件等。而这些根本算不上是企业家精神。

对农业企业普遍“缺钱”的问题，不能单纯靠打通销路从市场上赚钱来解决，靠政府扶持和补贴更是微不足道，企业应该学会借用资本的力量。这个可能正是很多企业关注的问题，这当然得靠资本了，就算

企业产品销路通畅，利润也不够支撑企业进一步的发展，而且若靠销售解决企业发展的资金需求，资金量小且速度慢，俗话说：远水解不了近渴，正是这个道理。

通常为了集资，企业有3种渠道。

第一，从亲朋好友拆借。这种拆借如果私人感情好，小金额、短时间拆借没什么问题，但如果金额较大、拆借时间较长，很容易就做成了民间借贷，利息也会比较高。用这种方式集资，在2013年之前比较容易实现。

这种民间借贷方式，对借款人来讲风险很高，当经济大环境不好时，即使再高的利息，企业想借到钱也是很难。

第二，从P2P网贷公司借贷。P2P网贷，即互联网金融，它是国家金融改革重点推动和尝试的项目，各项政策法规正在快速地完善。因为采用了纯商业化的运作手段，具有放贷灵活、手续简便、放款快速的特点，所以很受个体商户和中小企业的青睐。它的投资回报明显高于银行储蓄，相较于民间借贷具有一定的风险保障，投资者更愿意把钱放在P2P网贷平台上，所以行业一直保持快速增长的态势。

例如，联想集团控股的翼龙贷网络信贷企业如图2－2所示专注于三农金融和普惠金融，2014年全年放贷总额是41亿元，到了2015年，全年的放贷总额达到230亿元，增长速度非常之快。

翼龙贷
eloancn.com
联想控股成员企业

图2－2 翼龙贷

由此可见，互联网金融对解决实体企业资金的问题，做出了重大贡献。

第三，从银行借贷或机构融资。众所周知，逐利是资本的本性，雪中送炭的事儿它们从来不做，锦上添花的事儿却会趋之若鹜。企业如果想获得资本的青睐，请先把自己打造得足够强大，若企业濒临绝境，不要指望资本能救您一命。

曾经有企业老板半开玩笑地跟我抱怨说："这银行是真势力，前两年企业经营好的时候，天天派人过来找我们做贷款，现在真有困难了，借点钱还这么困难。"

虽然这只是一句抱怨，却一语中的。

为什么银行愿意贷款给企业？为什么投资公司愿意给企业钱？企业有土地、有厂房、有设备，又做前景这么好的行业，为什么连几百万的投资拿不到？为什么那些没有团队没有公司的却靠一个创意和几张 PPT 就能拿到几千万甚至是几亿美元的投资？

是关系不够吗？是信息不对称吗？其实什么都不是。

资本，无论是银行还是投资公司，投钱给企业是为了收益，如果没有现实的收益就必须要有未来的预期，如果两者都没有，资本就不会投入该领域。

资本看中的首先是事儿，其次是人，两者缺一不可。

银行和投资公司存在本质的区别，银行不会做雪中送炭的事儿，更愿意做锦上添花的事儿。我认识一家企业因为业绩好，通过相关领导的引荐，银行经常给他们贷款。然而，投资公司更看重企业未来的前景和潜在的收益。

投资公司做投资首先是选行业，然后再从行业中选企业。选择行业看宏观政策、看社会趋势，那他们靠什么判断企业呢？一是看数据，就是企业的财务报表，当然这个有时未必那么真实。二是看预期，就是企业的发展愿景和战略规划。三是看表象，就是企业运转的势能。

所以，企业制定清晰的发展战略，不仅有明确的发展目标和路径，也是给资本一个切实可行的愿景。

企业做品牌、做市场，往小处说，是解决企业产品的销路问题，它能为企业提供很好的现金流，让企业能实事求是地做出完美的财务报表。往大处说，可以整体提升企业的势能，这种“势能”才是企业最需要的，它可以洋溢在每一位员工的脸上，甚至让老板充满自信，即使企业在赔钱赚吆喝。因为没有人认为一个朝气蓬勃的企业会不盈利，即使现在不盈利也相信未来它一定能盈利，所以资本才敢进来，也愿意进来。

不管大企业还是小企业，如果经营战略缺失，企业就不能良性运转，即使当下拿到了外部投资，也不能有效解决企业长期发展的问题，最后也可能被资本吞掉。在上市这条路上，有的企业圈钱就“跑”，也有很多企业死在了这条路上。

案例一　大三湘的农业初心

在中国，做农业是一个苦差事，尤其在品牌农业刚刚起步阶段，很多企业都容易陷入迷茫，找不准市场发展的方向、销路不通畅、团队不好建、资源又时常捉襟见肘，以往看似简单的农业真正做起来其实很难。

湖南大三湘茶油股份有限公司在这个行业坚持了 8 年，2015 年公司的营业额超过 1 亿元，自有茶基地 40 万亩，在纯茶油市场以及行业比较分散的小品类油中，营业额能够上亿的企业仅此一家。老板周新平是湖南省祁东县人，毕业于中国矿业大学，获得硕士学位，在创立大三湘之前，曾在量子高科集团、美国赫克力士化工等企业任高管，是什么促使他回乡创业？又是什么让他坚持 8 年的呢？

一、做品牌从心开始

周新平祖辈都是农民，他完成学业后，从事教师的工作，后来下海当职业经理人，最后成为一家跨国公司中国区的总裁，最后回到家乡当农民。

2008年，周新平带5000万现金回到家乡做茶油，当时他的很多朋友已经是市里省里的领导了，有人建议他去做房地产，去开矿。但是他觉得，自己已经四十几岁了，应该为自己做点事，如果只为了钱就有点不值了。为此，他母亲曾这么跟他说："早知道你要回来种茶树，当初不让你出去读书就可以种满山的茶树。"

母亲讲的是气话，其实是心疼儿子，怕他失败。

中国的食品安全问题着实令人堪忧。其实毁在了不良企业家的手上——吃的食物已经完全不放心了，土地被污染了，空气被污染了，幸福感也被毁掉了。而且眼下有劣币驱逐良币的态势，面对劣币的竞争，良币企业做得非常非常辛苦，因为现有的渠道几乎都没有用了，产品生产出来没有销路，所以现实迫使大家去思考怎么办？

跟国外的食品行业相比，中国食品行业最大的区别不是技术，也不是原料，而是在于一些经营者的心变坏了，假冒伪劣使不少好东西根本都站不住脚。市面上号称有机的东西不少。但是，真正认真用心做并达到有机这个标准的又有几家？如果企业真正做了有机的东西也卖不到有机的价钱，那就无法坚持下来。

农产品必须要走品牌之路，企业要想做好一个农产品品牌，首先要有一个有良知的企业，然后凭良心做产品，才能进入消费者的内心。大三湘8年只做了两个字：信任。

二、不赚钱也得继续

现在是互联网时代，它的伟大在于帮助人类回归本性，进而把商业的本质还原为人与人的关系。因为信息对称性，消费者可以很容易了解关于商品的一手信息，骗子将越来越没有市场。

大三湘做茶油坚持了8年，在2010年遭遇了重大挫折，当时整个市场崩溃了，茶油卖不出去，几千万投进去了，没法周转资金。因为当时茶油行业所谓的第一大品牌垮了，整个产业的信心受到很大打击。当时企业面临着坚持还是放弃的选择。周新平带了两万块钱去农民家走访，想与他们解除土地租赁合同，他们拉着周新平的手说："你不能走，这两年虽然没有做好，但是你让我们赚了生活费，看病上学也有钱了，我们愿意配合你们种好茶树。"

当时这里的农民一贫如洗，甚至家徒四壁，只要家里有病人或者家里人没有劳动力，都是这样的情况。这时候周新平觉得，做茶油这个事业可能不仅为了赚钱，如果能够坚持下来，能够改善村民的生活条件，应该是一件功德无量的大事。最终是农民和自己的良心把他留住了，股东们也一致支持，大家都认为，哪怕我们不赚钱，这个事也值得继续干下去。

就这样坚持下来了，当时如果离开，也许生活过得会比现在轻松很多，但是他无法放弃，他觉得如果把这个事干成，人生就有意义了。

今天，茶油在国际国内市场上远远没有橄榄油知名。其实40年前中国的茶油和橄榄油在市场上并驾齐驱，都是二三十万吨的产量。实际上，中国的茶油比橄榄油要好，包括茶油的营养和茶油对心血管健康的好处，在食用方法上，茶油又可以凉拌又可以高温煎炸。当今之所以发展成橄榄油一支独大的局面，主要是因为一些茶油企业经营者没有道德底线。

所以周新平觉得，这辈子所做的这件事，不能只是为了钱，哪怕把自己在上市公司的股票卖光也要做。当时他算了一下，如果一直赔钱，自己可以坚持15年。如今已经过了8年，虽然还没赚大钱，但企业运转已经进入良性轨道，他坚信七八年后，能干成这件事。

三、心联网，让我们共同推动

初心很重要，初心在哪里？为什么要坚持？为什么愿意全心全意为

之付出？因为吃茶油对健康有益，而且吃茶油蕴含着深刻的意义。所以茶山会员制的深层次意义就在于此，每一个茶山的背后是一个留守儿童，是一个农户，而多种一亩茶山，可以多让一个留守儿童安心上学，多种十亩茶山，一户村民就可以过上有尊严的生活，多种百亩茶山，就可以带领一户村民致富。

每个人都会思考自己的人生，思考怎样度过自己的人生才有意义？怎么样才配称之为“人”？大三湘的社群就基于这样心态建立起来，这是“心联网”的哲学和基础，即唯有以心相交，才能成其久远。大三湘的社群模式就是“互联网 +‘员工 + 农户 + 会员’之心”，与员工心联网、与农民心联网。

心联网运行已有两年多了，最初由十几个单位联合发起，以大三湘为主，平均每个月在农村举办一场活动。现在大家到大三湘的示范村、核心村去，那里没有人打牌，那里的小学原来只有三四十个学生，已经破败不堪、岌岌可危，现在学校已经有 300 多个学生。原来只有 3 个老师，现在已有了 28 个老师。

要经营心联网，关键是要用诚心，给会员的东西有一条底线叫“绝不做假”，产品货真价实，质量好、价格也合理透明，工厂向全社会开放，包括同行。大三湘希望同行一起走这条路，因为让油茶花开遍三湘大地一直是大三湘的梦想，仅靠一个企业带动不起来，大家一起努力才能带领农民共同致富。

通常做互联网、会员制模式，是农户企业到经销商再到消费者的直线模式。后来大三湘做会员制的时候，把直线模式改变了，形成一个会员、农户、员工的三角形？形成了互动、互惠、互信的关系，这在本质上所包含的内容是完全不同的。

为什么要做成会员、农户、员工的三角形？因为农民的弱势地位。现在大家都在讲市场讲资本，农民有资格谈吗？拼命赚了 1000 元都要留着给儿子娶媳妇，但等儿子长大到十几岁、二十岁这钱就已经贬值了，这是社会对他们的剥夺，这个社会有很多深层次的东西，值得我们去思考，想办法去改变。农业企业就是要做好该做的，尽量用心跟农民链接，尽心去帮助他们，让他们跟上时代。所以，在大三湘的规划中，如果企业上市，会把农民加到股东的队伍中来，参与利益分配，这个叫3.0茶油时代。

对此大三湘用四句打油诗来鼓励农民：一棵茶树一斤油，子子孙孙不用愁；百亩茶山万斤油，又娶老婆又盖楼。只要在家里的人，不是病在床上就都可以干，一年可以脱贫，三年可以小康，五年可以致富。

同时，大三湘还在基地推行小农庄建设计划。农户靠管理茶树赚不了太多钱，所以，只要管理100亩左右茶园的农户可以考虑加上优质的种养，鼓励大家在茶树下养鸡，目前推出的“茶山飞鸡”项目，非常成功。2015年有一家农户家养了1万只鸡，但卖不掉，最后拍了个视频发到网上，很快就联系了买主，也有很多人自己开车去山上抓鸡。另外，企业会员还成立了“南山会”的社群，理念是携手10万精英、建设幸福乡村，目前VIP会员有5000个，2016年预计会到10000个，VIP会员1年消费1万元以上。其他的会员加上零售还有线上消费者，用户总数有20万左右，影响了几百万人。“南山会”的核心是利他共建共享，除了有茶油外，还有会员好产品商务平台，很多服务对会员免费，有共勉的精神，有共同的价值观，有实质的经营模式甚至社会发展模式，这是社群的最高模式。

心联网，让我们共同成为中国农村现代化进程的推动者！

第三章
正解全产业链

小明工作很上进，公司特意安排他去听郎咸平教授的演讲，回来之后，我找他谈了一些学习心得。

“小明，这次出去学了什么东西?”

“感慨很多啊，不过千言万语浓缩成一句话：中国制造业的出路在于产业链的高效整合。”

“还有呢?”

“另外，我在网上搜了一下，相关专业名词挺多的，比如，价值链、产业链还有产业价值链，我没弄清楚有啥区别?”

“简单理解吧，以家庭为例，如果老公赚钱给老婆花、老婆负责照顾孩子和老人，这样的话家庭成员之间就构成了一个价值链。如果说隔壁有个老王，那老王也给老婆钱花，那两个家庭之间就构成了产业价值链。”

“哦，我好像明白了。”小明回答道。

关于“产业链”一词，除了具有专业学科背景的人，大多数人的信息来源于两个渠道，一是郎咸平教授，从事相关科研工作，二是中粮集团，做具体企业经营。

产业链是产业经济学中的一个概念，包含价值链、企业链、供需链和空间链4个维度，这4个维度在相互对接的均衡中形成了产业链，这种“对接机制”是产业链形成的内模式，作为一种客观规律，它像一只“无形之手”调控产业链的形成。

产业链的形成由社会分工引起，在交易机制的作用下不断引起产业链组织的深化，体现产业的层次、关联程度、资源加工深度和满足需求的程度。产业链本质是用于描述一个具有某种内在联系的企业群结构，其中存在上下游关系和价值的交换，上游环节向下游环节输送产品或服务，下游环节向上游环节反馈信息。

产业链是产业价值实现和增值的根本途径，同时也体现了产业价值的分割。随着产业链的发展，产业价值由在不同部门间的分割转变为在不同产业链节点上的分割，产业链实现产业价值最大化。

2015 年，第六产业的概念被越来越多人认识和接受。

何为第六产业？即把一二三产业相加或相乘。第六产业的概念是 20 世纪 90 年代，由日本东京大学名誉教授、农业专家今村奈良臣，针对日本农业面临的发展窘境，首次提出的概念。目的是鼓励农户进行多种经营，即不仅种植农作物（第一产业），而且从事农产品加工（第二产业）与销售农产品及其加工产品（第三产业），以获得更多的增值价值，为农业和农村的可持续发展开辟道路。

第六产业的概念，一方面，指出了农业走向深加工、走向品牌化的必然方向，另一方面，也为国内农企的全产业链运作提供了可参考的理论依据和行动标杆，更加坚定了他们推进全产业链运作的信心。

第一节　认清全产业链的本质

什么是全产业链？全产业链是以消费者为导向进行产品生产，从产业链源头到消费者终端进行层层把关和监控，即产品经过种植与采购、贸易及物流、食品原料和饲料原料的加工、养殖屠宰、食品加工、分销及物流、品牌推广、食品销售等每一个环节，食品安全源头可追溯，形成安全、营养、健康的食品供应链。

一、冷静看待中粮的示范效应

全产业链运作，国内企业首推中粮集团。宁高宁作为中粮集团的上一任掌门，是探讨中粮集团绕不开的话题，他是资本整合高手，还是全产业链的推崇者。2005 年，宁高宁出任中粮集团董事长，此后，中粮集团通过资本整合兼并收购，目的是实现全产业链。

2009 年，宁高宁正式提出从上游到终端的全产业链设想，倡导各板块沿着产业链发展，此设想提出后，全产业链便成为中粮集团发展的重中之重。2005 年后，宁高宁主导了 50 多起并购案，先后涉足新疆屯河、中土畜、中谷、华润酒精、深宝恒、丰原生化、五谷道场、蒙牛等公司。中粮也逐步形成了诸多品牌产品与服务的组合，比如，福临门食用油、长城葡萄酒、金帝巧克力、屯河番茄制品、家佳康肉制品、香雪面粉、五谷道场方便面、悦活果汁、大悦城 ShoppingMall、亚龙湾度假区、中茶茶叶、金融保险等。

2011 年，中粮集团的盈利首次突破百亿元，2014 年营业收入高达 1991 亿元。

1949 年中粮集团成立，以出口粮食为主要业务，宁高宁通过“资本力量”和“全产业链”方式将中粮集团打造成当今涉及众多产业、众多品类的“巨无霸”，成功实现了从做贸易到做产品的转变，实现了全产业链的运作目标。中粮资产从 2005 年以前的 600 亿元人民币增长至现在超过 719 亿美元（约合 4654. 23 亿元人民币），336 个分公司和机构，覆盖 140 多个国家和地区，在中国拥有 180 多家工厂，旗下拥有蒙牛和中粮屯河等 8 家上市公司。

除了中粮集团外，新希望集团在全产业链运作上也比较成功，另外，联想佳沃进入农业领域后也成为业内关注的焦点。

俗话说：“前面有车，后面有辙。”近几年以来，企业进入农业领域有的为了控制资源、提高品质，有的为了降低成本、提升效率，有的为了圈地，有的为了更好地吸引消费者（很多企业都在宣传全产业链的概念）。但是，无论规模大小，无一例外地都采用了全产业链的运作模式——从建农业基地，到生产加工、仓储物流，再到渠道建设、品牌和销售，每一个环节都亲力亲为。

但是，从经营结果看，真正做好全产业链运作的企业并不多，中粮也不例外。目前，在中粮的 8 家上市公司中，大部分都处于亏损状态，经过多重收购后，中粮集团的负债率也已经高达60%。

全产业链运作并没有错，企业在实际经营中，也确实能够为企业带来诸多竞争优势。但是要经营好全产业链，每个产业链环节要实现价值的最大化，不是有思路就可以，还需要企业具备强大的资源和能力。

资源的核心是钱，能力的核心是人才。

二、自营还是整合全产业链，这是一个问题

作为一种经营模式，全产业链运作主要为了对上下游产业链资源进行整合，实现上下游的协同作战，打造企业的整体竞争优势，实现产业链环节的价值最大化和运营效率的提升是内在要求，本质是资源整合。

为什么用“整合”？不是咬文嚼字，而是要区分“整合”和“自营”（收购兼并或自建）。“整合”与“自营”是两个概念，两者对企业资源能力和资源投入的要求有本质的区别。整合可以有多种方式，比如，对农业生产和销售的整合可以用基地直采模式，也可以用定向种植、定向收购的模式，企业的介入程度可深可浅、投入的资源可多可少。

如果企业自营全产业链，则意味着企业在基地建设、种植/养殖、农业科技、销售与管理等环节上，靠自身所拥有的人力、财力、物力，经营压力和投入风险完全不同。

对那些因为产业链运转不畅而陷入经营困境的农业公司，很多人会认为，企业没想好做什么产品就开始拿地，这是浪费资源、缺少战略。但是回到现实，我们又很能理解土地对于农业公司的价值和意义，毕竟土地是一种有限的基础资源，而且机会一旦失去不会再有，谁都不愿意错失。

但是，从企业经营来看，尤其对于那些资金实力弱小、自身能力不足的中小型农业企业，还需要对全产业链运作有更深的理解和充分的准备，否则打造的全产业链运作可能不会带来竞争优势，反而会变成企业

经营的桎梏。

在企业自身能力有限的情况下，是采用资源整合的方式实现全产业链运作，还是通过自主经营的方式实现全产业链运作？是做强某项能力再去整合资源，还是有了土地资源再去建立竞争优势？是资源服务于能力，还是能力服务于资源？一定要考虑清楚，毕竟企业都不能仅为眼前利益而生存，生存与发展同行才是关键命题。

不过，企业也大可不必过度纠结，很多能力和资源在经营的过程中可以提炼和整合，没有梧桐树怎么会有凤凰来打窝？关键是如何立足当下，同时为明天做好准备。

三、全产业链运作需要关键能力支撑

企业要整合全产业链，需要在某一两个产业链环节上具备明显优势，还必须从战略上进行考虑，每一步产业链整合的目的是什么？现在或将来为企业带来的价值是什么？这样才能更有效地整合全产业链资源，发挥产业链的协同效应，否则就是死路一条。

汇源可以顺利地从饮料生产、销售环节进入到果树培育种植，轻松完成全产业链布局，是因为它有强大的品牌和渠道优势，当然也可能会遇到资金断链的问题。栗源可以在短短几年内，通过提升板栗深加工的能力，完成在板栗品类中的品牌和渠道建设，因为它掌控了独特的产区资源（拥有产区影响力和品类资源的稀缺性），控制了大部分的上游原料。

现在的很多农业企业既没有独特的品类（知名产区优势），没有雄厚的资本，没有强势的品牌，没有精干的团队，也没有成熟的渠道，靠有限的资金和社会关系，靠政府的政策性补贴，弄块地就开始做农业全产业链运作，这不是飞蛾扑火，阻碍企业发展吗？

对农业企业来讲，具备产业链某环节上的能力优势，对全产链的运作起到统领作用，对全产业链资源的整合起到聚合效应，否则不管是哪种方式的产业链整合，都只是一种简单的资源拼凑，产生不了更大的价值。

第二节　战略转型与产业布局

就全产业链经营来讲，企业不是天生就具备进行全产业链运作所需要的资源和能力的，大多数资源和能力是在实际经营中不断积累和塑造的。

但中粮例外，它可以根据自己的想法直接进行全产业链运作，因为它有国字头背景，不用担心资金短缺，更重要的是它经得起不赚钱甚至是亏损的考验，而且中粮不缺人才，如果是私人企业，情况就另当别论了。

所以，中粮集团在全产业链上运作的成功经验，也不是广大民营农企的学习对象，反而更应该参考新希望、禹王、五得利这类民营企业，其价值和意义更大。

新希望集团是中国民营企业500强，中国农业产业化国家级重点龙头企业，中国最大的饲料生产企业，中国最大的农牧企业之一，年营业收入超过800亿元。回顾它的成长历程，我们对全产业链布局中“资金能力和产业优势”的重要性会有更深刻的理解。

沿着时间的脉络，新希望34年的发展历程可以分成6个阶段。

1982—1987年，从专业户到专业工厂。1982年，始于刘氏四兄弟创立的“育新良种场”，1987年，成立“希望公司”。

1988—1992年，从专业工厂到专业集团。1990年，希望公司开始专注饲料产品的研发和生产，1992年成立希望集团，并通过新建、兼并和收购在全国各地布局建厂。

1993—1997 年，从专业集团到多元化投资。1993 年，刘永好参与发起和组建民生银行，在非农领域开始投资试水，同步集团主营业务发展强劲，位居中国饲料企业百强首位。1997 年集团分支，刘永好挂帅新希望集团。

1998—2002 年，从多元投资商到规模饲料提供商。1998 年，四川新希望农业股份公司成立，同年 3 月在深交所上市，成为第一家在 A 股上市的民营企业。1999 年，新希望开始海外战略布局，国内战略规划进一步推进，先后兴建近 20 家饲料厂，成为名副其实的饲料供应商。

2003—2007 年，从饲料商到产业链运营商。2003 年，新希望获评农业产业化国家重点龙头企业，2005 年先后与山东六合、陕西石羊集团、山西大象集团、北京千喜鹤集团实现强强联合，组成中国最大的民营农牧企业，完成从育苗、饲料，到养殖、屠宰加工，再到消费终端的完整产业链布局。

2008 年至今，从产业链运营商到农业产业协同服务商。新希望集团通过规模扩张和产业链的延伸，在饲料、肉禽加工等方面的销量已位居全球前列。但是，新希望抓住传统农业向现代规模化农业转型的契机，再次调整战略定位，向农业产业系统服务商转变。

山东禹王集团是目前全球最大的非转基因大豆蛋白及其原料加工企业，主要产业涵盖大豆基地种植及深加工、生物制药、精细化工和新材料 4 个领域，大豆产业年销售额超过 10 亿元。

1979 年，禹王开始生产大豆蛋白产品，主要是靠出口和为大型企业供应原料获利。后来，随着加工规模的扩大及加工技术的提升，逐步把产业链延伸到大豆育苗、种植基地建设。

2014 年，禹王食用大豆油正式展开全国营销，打造品牌、建设渠道和销售队伍正式进入企业的发展战略，至此才算完成了大豆产业的全产业链布局。

五得利面粉虽然在小麦加工和销售规模上都做到了亚洲第一，但是至今也没有向上游种植基地延伸。

所以很多陷入经营困境的企业需要反思，目前的困境与全产业链经营模式是否有直接关系？全产业链布局的推进节奏是否合理？产业链资源整合的能力是否欠缺？企业的可投入资金是否充足？这些都是企业需要思考的问题。

通过以上案例分析，对如何进行全产业链运作，可以总结以下几点经验。

第一，选好主导产业。品牌农业的发展必须要立足于一个主导产业、一支主导产品，这是农业产业化发展的基础。在主导产业的选择上，企业需要有战略前瞻性，既要结合本地的产区资源优势，看准国内市场的需求，还要放眼国际市场，同时考虑自身的竞争力（主要是品质和价格上的竞争力）。

第二，企业要做精、做透全产业链环节，全产业链整体布局不可能一蹴而就，这是一个渐进的过程，从种植、养殖上做大做强是一个选择，从深加工能力上做精做深也是一个选择，从品牌和营销上突围也是一个选择。最令人担心的是，企业缺乏全产业链运作的资源和能力。

对已经完成全产业链基本布局的企业来讲，在实际经营过程中，需要对全产业链进行合理的切割，分阶段进行经营，先选择做大做强某个产业链环节，随着企业规模的扩大、能力提升或优势的凸显，再去做好另一个环节。

第三，产业链布局完善的过程，也是企业战略方向不断调整或实现战略转型的过程。这一过程是以市场机会为导向，以自身能力为基础，是不断定义企业的阶段性战略重点、经营方向和目标的过程，没有一个企业的战略规划是一成不变的。

新希望经历了从饲料生产商到产业链运营商、服务商的转变过程；

禹王也经历了从大豆深加工到大豆全产业链经营的过程；华为也经历了从工程设备到终端消费市场的发展过程。

总之，做全产业链运作，对经营者来讲，是为了产生协同效应、降低成本、提升效率、实现价值最大化。对消费者来讲，是为了创造透明的供应链体系，建立品质信任，跟企业是否要做全产业链建设没有必然关系。尤其在企业的成长初期，做全产业链的重点要突出和放大企业的优势，以赢得市场竞争，实现价值倍增效应，而不是追求完美、面面俱到，那只会让企业陷入平庸。

第三节　软实力是灵魂

2015 年上映的电影《捉妖记》，票房异常火爆，一举夺取国产电影票房冠军的宝座，并创下了 24 亿的票房新高（不过这一成绩在 2016 年春节被《美人鱼》超越）。其中一个重要的原因是越来越多的人愿意为电影票买单，比如，这一次小明没有在网上找资源，而是去电影院贡献了两张电影票的钱。

看完电影之后，小明跟我说："领导，咱们改行搞文创得了，别干策划了，你看人家拍一部电影赚的钱，够咱干几辈子。"

"好，那你说说应该怎么干呢？"

"你看《捉妖记》吧，故事也没那么精彩，就是典型的好莱坞模式，也没请什么明星大腕，就是娱乐元素比较多，男女老少适宜，在暑期档上映，所以票房就火了。"

"那咱们应该怎么做文创呢，小明？"

"现在这电影市场发展势头强劲，以前一部电影票房能过亿就很好了，现在要是上不了 3 亿、5 亿的都不好意思说，看来是前景无量啊！"

“你说说到底咱们怎么干文创呢？”

“对了，领导，我还有个案子没写完，客户等着要呢，先去忙了，回聊！”说完小明转身出去了。

以《美人鱼》《捉妖记》《泰囧》等为代表的国产电影在票房上取得的成功，得益于中国电影市场快速发展，与中国电影创作水平的提升也不无关系，尽管目前还不能与好莱坞电影同日而语，但进步是不争的事实。

电影是一种娱乐产品，更是一个国家软实力的体现，它不仅能带来经济收益，还能形成软实力。一部《大长今》让多少人爱上了泡菜，好莱坞电影也把美国的价值观、可乐和汉堡推销到全球。

2014 年 12 月 30 日下午，中共中央政治局就提高国家文化软实力研究进行第十二次集体学习，中共中央总书记习近平在主持学习时强调，提高国家文化软实力，关系“两个一百年”的奋斗目标和中华民族伟大复兴中国梦的实现。

软实力，就是文化实力，与软实力相对应的是硬实力，它们就好比是电脑的硬件设备和软件系统，缺一不可。国家需要软实力，企业也需要软实力。

具体来说，企业的软实力包括企业家的格局、视野、思维、知识、科技、文化等多方面内容，企业的战略制定、产品选择、产业链资源整合等，除了需要资源支撑，也需要软实力的支撑。

企业的软实力水平，由老板的认知能力决定，老板的高度决定了企业的高度，老板的认知水平决定了企业认知水平。娄向鹏老师常说，“不看工厂，只看董事长，企业家是‘1’，其他的资源要素都是‘0’”，精辟地总结了企业老板个人素质对企业发展的影响。

一个行业的软实力水平，由它的从业人员的素质决定。如果说农业从业人员的素质普遍比较低，恐怕很多人都会不高兴，但大多数人应该都不会反对。

为什么农业领域是这种状况？

首先，从老板的出身看。中国农业的产业化道路刚刚起步，很多老板都不是专业出身，大部分对农业产业化运作，对现代化的企业管理和品牌营销知之甚少，加上缺乏有经验的从业人员，所以在认识和操作水平上有所欠缺。

其次，从老板的工作状态上看。现阶段很多老板的大部分时间都消耗在跑关系和找资源上，中国的企业老板大多数都是“社会活动家”，他们要么在酒桌上，要么在领导的办公室，要么是在基地实地考察，缺乏充足的时间来学习和思考，即使偶尔有一些闪耀的火花迸出，恐怕也难成系统、难以深刻。

但是，这些是理由吗？也许是，但并不必然。

在快消品领域，华龙（今麦郎）是一家优秀的企业。企业能从小县城走向全国，能从当地众多相似企业的竞争和价格厮杀中脱颖而出，能实现与康师傅、统一等知名品牌的抗衡，从表面上看，是因为企业行动快，靠低端把销量做上去，但其实质是背后有关键的推动力量，它为什么能抓住市场机会把企业做大做强？

首先，市场意识。在其他企业还没有重视终端建设、没有展开渠道精耕的时候，华龙就率先开辟县城和农村市场，既避开了康师傅、统一等品牌在城市市场的强势，也抓住了方便面市场成长的黄金时机，同时让广大经销商和基层员工共同受益，成功地在销量上实现了突破。

为了做好这件事，公司还花重金邀请了知名的终端营销专家魏庆（曾为康师傅高层）到销售现场亲临指导，从中层到基层手把手、面对面地教。那几年黑土地酒也是靠着类似的方式，在白酒行业取得了突出成绩，刮起了一股东北风。

其次，扩宽视野，多思考，多学习。为此，华龙将营销总部从隆尧搬到北京，站到了全国知识、信息和人才的风口，老板也从日常的交际应酬中解放出来，有更多时间进行学习和思考，有机会接触更优秀的人才，开阔自己的视野。

当然，最重要的推动力，还是企业与北京大学的战略合作关系的建立，老板亲自带队组织公司中高层到北京大学集体学习，聘请专家教授到隆尧为广大基层员工授课。短期内学到的知识在实际工作中未必能直接用上，但是，与学校的合作对于打开企业的视野、提升企业的整体素质起到了关键作用，也推动了企业的快速成长。很多亲历者回忆起这段时期，依然感觉受益匪浅。

所以，企业要提升软实力，首先，关键在于老板意识的觉醒，认识到软实力的价值。其次，要养成学习的习惯，尽可能多地利用时间学习和思考，多与比自己优秀的人交流，可以开阔视野，提高自己的鉴别能力。

在这方面，笔者还有一个亲历的感受，当今很多企业都在学养元六个核桃，从策略到战术、从理念到模式一直被人吹捧，但很少有人知道养元领导者在学习上的努力。在养元初创期，由范召林亲自挂帅指导销售，他几乎读过所有关于营销和品牌的经典书籍，《销售与市场》《糖烟酒周刊》等专业杂志更是一期不落，不断思考自己该怎么做。

老板应该多学习、多思考，同时也要讲究方法。

一、老板学习不是为了成为专家，而是要提升自己的鉴别能力

一个优秀的老板，必须要有出众的鉴别能力，能区分出哪些知识有价值，哪些没价值，哪些对自己有用，哪些对自己没用，懂得该坚持什么，该舍弃什么。只有这样，在面对新观点、新事物的时候才能准确地判断，在面临各种诱惑时才能懂得做取舍。

我们在做咨询的过程中，也遇到过不少“别人前面偷驴我们后面拔桩”情况，企业刚刚被某知名咨询公司蒙骗，花了钱却没做成事，待与我们再谈合作时，慎之又慎，正所谓“一朝被蛇咬，十年怕井绳”。

出现这种情况，可能是因为咨询公司不接地气或者职业素养不够，

但关键还是企业老板没有甄别能力，过于迷信权威、迷信名人，结果迷迷糊糊就信了，押着身家性命赌一把，结果彻底输完，从此一蹶不振。

另外，现实中也有很多学习意识很强的老板，平时爱看书、爱听课、爱跟同行交流，而且每次都要进行学习总结，虽然学了新东西，但因为自身鉴别能力不够，对知识的驾驭能力也不够，总是今天一个想法，明天一个模式，变得太快，团队跟不上，一件事没落地，另一件事又来，最后乱了节奏，也达不到预想的效果。

二、在企业软实力提升上，要敢用人，要舍得投入

人是最大的软实力，高科技的人工智能也替代不了。无论科技发展到什么程度，人才资源都是第一生产要素，没有人什么也运转不了。人是知识、文化和能力的载体，更是企业的灵魂。

虽然很多老板都懂这个道理，但是不经历大挫折，难有切肤之痛，甚至是经历了大挫折，也很少从软实力上找原因。所以，在很多老板的认识里，软实力提升不是不重要，而是不着急。不着急，最后也就变成了可有可无，甚至不再需要。

老板总是习惯把目光放在自认为重要的事情上，资金很重要、拿地很重要、厂房很重要、设备也很重要，因为这些实实在在看得见，砸锅卖铁也得上。所以有钱就先投这些，花几千万上设备眉头都不皱一下，哪怕是上了设备在那儿闲置着也得这么干。

我曾到河南一家企业考察，令我震惊的不仅是企业硬件设备，软件更甚。这家企业的厂房车间建设得堪比飞机场，高端有档次，里面装有上千万的生产设备，但设备都不运转，生产车间没人，因为产品销路不通，大多时间处于停产状态。更震撼的是，企业有两套生产设备，两年前购买，现在还没开封，据说目前已经进入被淘汰的行列。

这样的企业，不愿意花钱请优秀的人才进行企业管理，靠老板带着自己俩儿子做，更别说请咨询公司做策划了。

写到这里，我不由想到了之前热播的《芈月传》，为当时的士子们感到庆幸。秦国能够从弱到强，不是因为有明君吗？商鞅、张仪、苏秦这些士子，能有用武之地，不是因为有四方馆吗？

俗话说：识不足则多虑。

见识不足，才会难以决断，才会思虑过度、担忧狐疑、没有安全感，很多时候，多思多虑、惶恐不安的生活不是外界强加给我们的，而是自己见识浅薄，要想改变这种状况，就要充实自己，打开思路，开阔眼界。

农企的老板们，你的意识觉醒了吗？

案例二　印耕农业的经营逻辑

2014 年年初，河北印耕农业投资起步，没有大资本支撑，靠着老板个人的一己之力，一步一步成长起来，成为中小型农业企业，经过一年多的发展，已经拥有两家社区实体店面、四大供应基地、上千家会员客户。

正知正行有幸一路伴它成长。

印耕农业的创始人孙可，是农民大学生，“80 后”的创业者，曾是快消品一线销售，对农业有情怀有追求。我与孙可的熟识就从印耕农业的成立开始。

印耕农业成立之初，企业经营模式沿着农业产业链顺序展开思考。在成立公司之前，老板主要是利用自己的朋友圈子做绿色农产品销售，产品只有笨鸡蛋一种，后来觉得农业不错才开始成立公司正式做起了农业。

公司成立后，先是投资建设了一个 280 亩的养殖基地，兼带休闲旅游，在印耕农业入资之前，该基地已经运营了3年，基础设施建设已基本到位，印耕农业采用直接入股的方式，快速拥有了自己的农业基地。

有了基地之后，剩下的工作就靠人脉，用基地休闲旅游带动农产品的销售。这时候主销产品也从单一的笨鸡蛋拓展到了土鸡肉和土猪肉共三大类。

这种状况一直持续半年，直到孙可找我商量投资下一个种植基地，因为随着销售工作的推进，客户数量的增多，产品也需要进一步丰富，正好赶上有朋友在圈地建基地，想拉他入股，所以就来找我商量对策。

我很了解印耕农业的现状，针对这个问题我提了3点建议。

第一，考虑自身的操控能力和资金实力。企业现在不宜做分散投资，如果把战线拉得过长，最后可能会因为资金和精力跟不上，导致在基地运作和品牌销售上两头抓不住，实现不了最初的设想和应有的价值。

第二，丰富产品线是当务之急，但不能乱上，必须要以顾客需求为导向进行调整，核心目的是实现单一客户价值的最大化。当前农业行业不缺好产品，最大的难题是销售，只要企业打通了销售通道，整合优质产品资源不是问题。

第三，经营渠道，做好品牌和销售，是印耕农业当前最大的战略规划。

基于以上3点建议，我为印耕农业在现阶段的发展提出了两点意见。

第一，在供应链上，明确采用产品的基地直采模式，由印耕农业主导建立产品品质标准并实施品牌化经营，以实现产品的结构化。除了自有基地供应外，还要大力发展与多家农业基地的战略合作伙伴关系，既要确保品质达标，又要满足供应要求，还可以通过透明的产业链供应体系，建立消费者对品质的信任。

第二，在营销链上，重点发展印耕农业的社区品牌专卖店。在单店运营上，除店面零售外，发展店外销售，把会员制、团购和微商店全部加进来，构建复合型渠道模式，满足消费者在线上和线下的购买需求。

至此，印耕农业的两个顶层设计，即以产品为核心的经营战略模式和以品牌为核心的营销策略模式基本形成，然后就是要制定策略和实施方法。

接下来，我们重点谈如何做品牌和营销。

一、从长远考虑谋划品牌

与创始人的出身相关，印耕农业从一开始就很重视品牌建设，为了起好名字，企业员工想了很长时间，列出了很多备选，不是不满意的就是注册不了，最后才定下了“印耕”这个名字。

印耕，字里行间就带有一股浓浓的人文气息，符合印耕农业的中高端服务定位，而且与创始人的农业情怀“找回儿时的味道”不谋而合。

在这个充斥着农残、
激素和转基因的年代，
在这个被雾霾所笼罩的城市，
有这样一群年青的创业者，
他们同为80后，朝气蓬勃，
他们同是农民的儿子，
憨厚淳朴，
他们聚集在一起，执拗而行，
只因一个共同的梦想，
为街坊邻里提供绿色饮食，
找回儿时的健康餐桌。
印耕在行动！

耕®
印耕农业
YINGENG AGRICULTURE

图 3-1 印耕 logo

在品牌 LOGO 如图 3-1 所示设计上，考虑契合中国五千年的农耕文化，直接采用了“耕”的红色印章形式——“耕”是农业的核心，种植也好、养殖也罢，都是“耕”，它代表着印耕在农业上的决心和态度，一定要把农业做好。“印章”在中国人的意识里，则代表着权威和信任，寓意印耕农业对消费者的承诺。

这就是“印耕”的品牌，面市便赢得了各方的肯定。

有了品牌，接下来就是考虑怎么把品牌与产品结合起来。

“印耕”既作为公司名称也作为产品品牌，因为不是采用单一品牌模式，用“印耕”统领所有的产品显然不合适。因为产品种类多，横跨多个品类，单一品牌模式不利于突出产品的个性和卖点，如果突出了产品又容易破坏品牌的统一形象。

所以，最终确定把“印耕”作为企业和店面品牌，为产品提供品牌背书，在此基础上，根据产品线延伸的需要，单独开发不同品类的分品牌，以体现出不同产品的价值定位。如今，已经注册并启用了“十八磨坊”（杂粮类产品）、非五常（大米）、神头村（笨鸡蛋、土鸡和土猪肉）等多个品类品牌，后期还会继续开发。这些品牌统一由“印耕农业”做背书。

二、从销量出发构建渠道

按照既定的经营思路，2015 年 8 月，印耕农业首家品牌专卖店开业，12 月，第 2 家品牌专卖店开业，第 3 家店、第 4 家店也正在紧张筹备之中。

在农业品牌专卖店开关如此频繁的今天，印耕农业靠什么实现单店盈利？又是如何靠专卖店支撑公司销量增长的呢？

1. 如何开专卖店

开专卖店，定位是第一步，除了要考虑店面规模和运营成本外，选址是关键，在这方面，印耕确定了只做社区店，不做临街店、商圈店的原则，主要考虑到覆盖人群的精准度和店面成本。在社区选择上，不以小区规模和档次为标准，而是以入驻人群的规模和结构为标准，优先选择成熟的社区。

2. 明确产品结构

在产品结构上，确立了“5 + 3 + 2”的结构模式。“5”是从公司战略考虑重点运作的产品，从线上到线下、从店内到店外全渠道运作，在经营中要体现出主导地位，贡献主要销量；“3”是不上线、不入团购，只为店面销售配置的产品，目的是提升客户的进店频次和客单价；“2”

是只针对某单店经营配置的产品。

3. 大力推行会员制

无论是线上还是线下销售，均以会员制为主要形式。对店面顾客重点推行储值会员，对线上和团购客户重点推行产品预定会员，已经推行的有“大米会员”和“鸡蛋会员”。另外，还有多种形式的产品体验卡，可作为礼品销售。

4. 实现线下和线上联动

首先，以社区为单位强化地面推广，一个社区店辐射半径3公里内的所有社区，专门组织社区推广人员，持续进行地面推广，以品尝和促销为主要手段，同时将“产品预定会员”和“微商城”推广出去，培养消费者的线上购买习惯。

其次，以微信公众号为平台，开设微商城，逐步实现微商城在销售中从“补充位置”到“主力位置”的转变。

除了通过微信做自媒体传播外，还联合新浪微博等社会媒体，打造战略产品，提升品牌影响力，推进网上推广和销售。

5. 做好社群营销

为了实现有效的销售，印耕农业跨界联合了多家拥有社群组织的单位，例如，车友俱乐部、摄影爱好者群等。一方面，借助社群的主题活动展开品牌推广，以实现会员制和单品销售为主，另一方面，通过为社群免费提供基地休闲旅游，提升品牌的影响力，也能提升销售量。

三、用品牌和销量整合基地，实现全产业链协同

企业在具备品牌、渠道和销量的基础上，比较容易对上游种植基地进行整合。经过2015年的运作，除了原有的养殖基地外，印耕农业先后在全国范围内进行甄选，发展了“大米种植基地”“小米种植基地”和“绿色蔬菜基地”。

至此，印耕农业以产品为导向的基地资源整合也初具雏形。

对农业基地的筛选，印耕农业严格按照从品类到产区的逻辑，大米

和杂粮选定东北，小米和蔬菜选定邢台。按照规划，未来还将有更多的农业基地整合进来。

2016 年，随着经营模式的确立以及产品结构的完善，正知正行为印耕农业梳理下一阶段的两个战略发展方向，一是以渠道建设为核心，继续实行自营的方式，按既定模式稳步推进社区品牌专卖店的扩展；二是以战略单品为核心，充分整合各种线上和线下渠道资源，依托自有渠道，但不局限于此，全力提升销量，实现销售额和品牌价值的双提升。

这就是印耕农业，一个坚持品牌运作的中小企业。这也是从创立到发展，对品牌农业的思考路径和经营实践经验。

第二部分

产品是出路

产品，是品牌农业的战略核心，它决定着企业做农业的方式、方法、策略和路径。所以品牌农业在起步阶段必须认真思考两个问题。

第一，公司要为谁创造什么价值？即生产什么产品。

第二，如何实现价值的转换？即怎么才能把产品有效的变成钱。

如果这两个问题没有弄清楚想明白，再大的资源投入、再完善的产业布局也一样会陷入经营困境。

产品是企业营销的起点，也是企业战略的载体。无论任何时候、任何行业，产品都是企业的命脉，尤其是在互联网思维大行其道的今天，更有人喊出了“产品为王，体验第一”的口号。

著名营销大师菲利普·科特勒说：“成功的品牌就是伟大的产品或服务。”苹果的兴盛与诺基亚的没落就是最好的例证。

原苹果公司CEO乔布斯说：“我坚信一切都是从伟大的产品开始”。我需要聆听客户的声音，但他们不会直接告诉你明年会出现什么样的革新，又会怎样颠覆产业。所以，一定要竖起耳朵，行动起来，要凝聚那些既精通技术、为顾客着想，又渴望革新的人。我的观点是，一切都是从伟大的产品开始。

对任何企业来说，无论是苹果还是普通的农业企业，建立全产业链体系都是实现企业经营的关键，品牌农业的全产业链布局如图3-2所示。

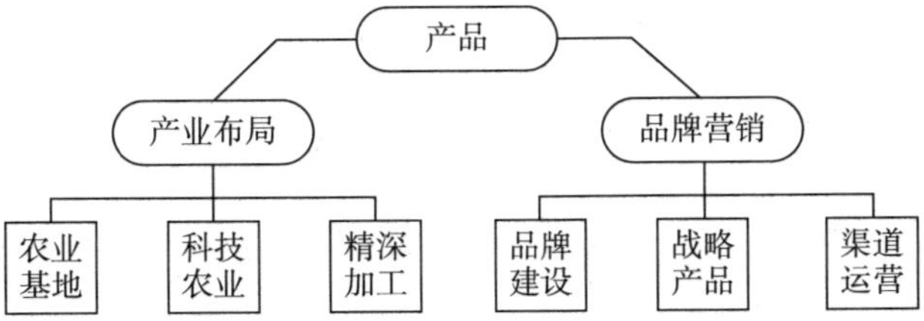

图3-2 农业产业布局

对品牌农业来讲，产品更是打通农业全产业链，连接“农业”和“品牌”的关键。农业上游的产业化布局，即基地建设、种植养殖技术能力、深加工能力等，必须要通过产品才能呈现出来，通过产品才能实现全产业链价值的转换。农业下游的产业布局，即品牌建设、渠道运作、仓储和物流等，也必须以产品为基础才能运作，才能实现企业的最终价值。

所以，企业无论拥有多么宏伟的战略愿景，拥有多么完善的产业链布局，如果没有战略产品，一切都是梦幻泡影。对农业企业来讲，集中力量做好战略产品，聚焦资源推广好战略产品，才是首要的战略。

第四章
如何做出好产品

小明喜欢看电影，但是极少买票进影院，都是在网上找资源。前几天刚看了《1942》，第二天一进公司就跟我讲："领导，《1942》你看过没？拍的真不错，故事好，场景到位，张国立、陈道明、徐帆这些明星大腕演得也好，比《非诚勿扰》有诚意多了。"

"电影是不错，我早看过了，但是你知道吗？当初这部电影的票房并不好，上映前预测的是7亿元，但是实际票房只有3.62亿元。"

"那倒是，当年《大话西游》在大陆上映时，票房也只有20万元。"

这种情况在电影圈属于"叫好不叫座"，其实在哪个行业都有，农业也不例外。2015年初秋，河北保定一家做绿色种植的企业老板打电话给我，询问能不能帮忙联系一家做果汁饮料的企业来收购它的水果，因为当年的新果马上就要成熟，可库里还有5万吨去年的存货，现在必须处理掉。

我去过企业的种植基地，也了解产品，水果质量好，无论是品种、口感、品质还是卖相都没的说，企业也通过了绿色食品和有机食品的认证，最大的问题就是销售不好。所以，老板才不得不把优质的水果当原料贱卖处理，这种情况看着都让人心疼。这不是一个例外，而是一种普遍现象。

我曾经说过："中国从来不缺好产品，缺的是卖得好的产品。"在我的职业生涯中，也曾经遇过很多好产品，但真正在市场做得好的却是凤毛麟角。

为什么会出现"叫好不叫座的产品"？在大多数情况下，在产品定位、价格定位、渠道运作、团队执行力等方面都能找出原因。但在本质上，还是产品的问题。企业做产品不能简单把"好品质"和"好产品"画等号，好品质只是一种质量标准，好产品对应的是消费者的需求，好品质不一定就有好市场，所以才会出现产品"叫好不叫座"的现象。

第一节　优选好产品

小明很爱学习，自从上次说了产品“叫好不叫座”之后，最近几天他一直在研究这个问题。终于看到了问题的实质，过来跟我说：“领导，我研究明白了，产品叫好不叫座通常有6大原因，一是定位不清；二是渠道选择不对；三是资源不支撑；四是执行力不到位；五是品牌力不够；六是策略与方法等。”

“总结的不错，不过看问题得看本质，别光从战术上思考，要多从市场需求出发，从市场竞争上进行考虑。”“啥是本质呀？怎么考虑需求呢？”

要做出好产品，企业除了考虑在种植、养殖层面做好品质和加工技术外，还必须研究市场、研究消费者需求，尤其是对初包装的农产品来讲，这一点更重要。

一、优选产区是品牌农业的首要考虑

俗话说：男怕入错行，女怕嫁错郎。选择永远比努力更重要，做农产品也一样，选择才是第一位。

做品牌，就是要占领消费者的心智资源，利用消费者已有的认知去建立和塑造品牌价值，这是做品牌的捷径，优选产区的意义便在于此。

在品牌农业中，产区品牌仍然是目前最大且最有价值的心智资源，用产地识别购买仍是普遍性的消费习惯。以五常大米为例，“五常”只是一个产区名称（或称为产区品牌），虽然市场上做五常大米的企业很多，每家企业也都有自己的品牌，但是真正能被消费者记住并识别的品牌几乎没有，消费者记住的并最终实现识别购买的还是“五常”两个字，这就是产区品牌的威力。

中国有丰富的产区资源，例如，全国知名的有新疆的大枣、北京的烤鸭、寿光的蔬菜、赣南的脐橙、迁西的板栗、东北的大米等，区域知名如赵县的雪花梨、沧州的金丝小枣、蠡县的麻山药等。

这些产区的最大价值在于消费者对产区内的特有产品具有成熟的认知，信赖产品品质，并考虑优先购买。产区名称就是最大的识别标识，无论这些产区名称是否已经完成了品牌注册，都已经具备了品牌的价值。

产区品牌不是一朝一夕就能形成，它是经过多年积累，甚至是几代人经营的成果，一个产区品牌往往与某种特定的产地资源（种植、养殖环境）或历史传承的技艺相关，并对应一个知名的品类，因此具有很强的识别性和号召力。再加上各地政府为了推动区域农业的发展，一直不遗余力地打造产区品牌，企业更应该考虑从产区品牌上借力发展。

所以，品牌农业要做出好产品，首先要考虑能不能从产区资源上借力。如果你这么干了，恭喜你，你已经在品牌的道路上成功了一半。

企业要想从产区上借力做品牌，通常有两种途径，一是直接选择在产区内建厂或建农业基地，掌控产区内的产品资源，主打产区概念来运作品牌运作市场，二是不受企业所在地的限制，直接将知名产区的品类原料作为产品的主打概念来运作品牌市场。

“举个栗子”是石家庄一家糖炒栗子连锁店铺，虽然它没有在栗子产地——唐山建厂建基地，但是它从品牌伊始就把“燕山板栗”作为自己核心的产品概念来宣导，品牌也快速被消费者所认知和接受，做得非常成功。

二、品类定位是品牌农业的关键

知名的产区通常拥有独特的产品品类，选产区的本质就是选品类，

如果没有产区优势可以借力，企业就必须考虑如何选择品类。

定位大师特劳特说：“品类是品牌背后伟大的营销力量。”企业成就伟大品牌的最佳选择就是开创某个品类，并让品牌成为该品类的代名词，比如，凉茶之于加多宝、植物蛋白饮料之于露露、维生素功能饮料之于红牛等，每个企业都想塑造并占领一个品类。

什么是品类？顾名思义就是消费者对产品的分类识别。品类一词最早由特劳特提出来，他说：“大脑思维惯用‘产品是什么’来开启整个产品的定位过程。”品类其实就是消费者心智中的“抽屉”，消费者习惯把那些功能相似、用途相似、相互替代性强，甚至形态相似的产品归为一类，便于理清对产品的价值认识。

品类的市场价值在于被认知，这种认知根植于消费者心智，是建立品牌最有价值的资源。每个成熟的品类背后都隐藏着打通销售渠道的两大关键信息：一是产品价值信息，即产品带给消费者的核心利益是什么；二是消费习惯信息，即消费者在什么时间、什么地点以何种方式消费这类产品，也就是场景消费。这两点也决定了企业的竞争选择，即企业选择和谁进行竞争以及满足哪部分消费者的需求。

品类定位是品牌定位的核心，目的是重塑消费者对品牌的品类认知，让品牌占据有力的竞争位置，打造差异化，做品牌过程也是重塑认知、不断提升认知的过程。

要进行品类定位，通常有3种策略路径可以选择。

第一，从品类本身出发考虑。一般会伴随着亚品类概念的研发和品类的进一步细分，可以从价格、品质特点、种植/养殖工艺、品种等多角度思考，例如，农夫山泉的有点甜，是从品质特点上进行定位的；雅迪的更高端的电动车，是从价格上进行定位的。对农产品来讲，诸如梨品类中有雪花梨、皇冠梨；核桃品类中有薄皮核桃、山核桃；大米分出精米、胚芽米等，这些都是塑造品牌的维度。

第二，从竞争对手出发考虑。通常，它瞄准同品类中最有影响力的品牌中被消费者广泛认知的某种特性，最著名的是七喜的非可乐定位。

正知正行在为印耕大米做品类定位时，也采用了这一策略，用“非五常大米”来定位品牌和品类，利用消费者对五常大米的成熟认知，用“非五常”进行品类塑造。

第三，跨品类的定位。例如，五粮液的黄金酒采用跨品类定位策略，它没有选择与普通白酒进行正面竞争，而是选择从礼品市场入手——购买人群、购买动机和消费场景完全不同，试图开辟一片蓝海。汽车品牌劳斯莱斯则直接强调自己的奢侈品定位，把品牌做成了贵族的特定符号。

对农产品来讲，最常用的是前两种策略。此外，在进行品类定位时，还可以从消费者层面考虑，通过研究目标消费者的生活习惯和饮食特点，把品类与某个场景或习惯对接，从而实现品类的定位。例如，娃哈哈的营养快线所引导的“没有吃早餐，来一瓶营养快线”就是成功的典范，很多年轻人因此选择营养快线充当早餐。通常来讲，越是贴近消费者需求、场景或习惯，越容易获得消费者的青睐，但切记不能生拉硬拽。

三、研究差异化，提升产品竞争力

市场竞争需要差异化。虽然品类本身已经具备了差异化，而且品类定位的本质也是为了塑造差异化，但是，品类本身的差异化在面对同产区内的其他品牌时，很容易被抵消。而品类定位则是在消费者认知层面上进行塑造，要真正实现产品从概念到内容的差异化转变，关键是要用差异化赢得竞争，产品竞争力才能提升。

为有效解决这个问题，可以从两个方面进行考虑：一是以生产工艺和加工技术为支撑的实实在在的品质差异；二是以成本和效率为支撑的价格差异。

就这个问题，我们分类进行说明。

1. 大众品类的差异化

大众品类主要包括：米、面、粮、油、肉、蛋及苹果、梨、蔬菜等。

这些品类的优点是消费者认知度高、消费习惯成熟、采购频率高、日常消费量大、市场容量大、消费者接受产品比较容易，缺点是产品同质化严重、消费者对价格的敏感度高，参与竞争的企业比较多，也难以形成资源垄断。研究这类产品差异化主要从以下 3 个方面入手。

第一，从成本优势考虑。用规模化和管理精细化降低成本进而赢得竞争。比如，挂面行业的金沙河，因为拥有成本优势实现了产品的质优价廉，横扫全国市场。

第二，从产品品质或概念考虑。比如，用“三品一标”做出品质差异，或者用独特的工艺和技术打造产品差异，或者是用亚品类概念制造差异化，品类概念的差异最容易实现，但是，如果不能快速地占据品牌地位，也很容易被抢占。

第三，从加工技术考虑。通过深加工或精加工实现产品跨界，做出差异化。

2. 小众品类的差异化

小众品类主要包括珍奇果蔬、杂粮及某些地方特产等。

小众品类的优点是有独特的产品价值，消费者的价格敏感度较低，有一定的市场需求量，竞争的企业比较少，有可能实现上游资源垄断。缺点是消费者的认知度相对较低，市场销售区域分散，消费习惯不普及，整体市场容量也较小，不同地区、不同群体接受产品的程度也有所差异。

由两个方法可以实现这类产品差异化，一是直接在上游资源垄断做大规模，靠品类本身的差异化进行竞争；二是通过深加工或精加工实现产品差异化，用产品跨界以提高市场接受度。

总之，不管是优选产区还是品类塑造，不管是做深加工还是做成本优势，做产品必须符合市场需求。在品牌影响力没有形成之前，除了价格因素外，消费属性的产品，消费者更看重品质和卖相，礼品属性的产品，消费者更看重品类和价值，这几个关键因素必须要抓住。

第二节　地方特产的突破

忙了一整天，中午没吃饭也不觉得饿，但胃不舒服，就想嚼点东西，我就喊小明进来。“小明，去帮我拿俩枣。”

“好嘞!”说完小明转身出去了，一分钟后拿着两颗枣进来了，我一看心里想：小明真是一个诚实的孩子，要两颗就只拿两颗。

“就两颗?”

“是，你不是要两颗吗?”

“再多拿点行吗?”

“不行，因为没有了!”

“怎么会呢，昨天客户不是刚送来两袋新疆大枣的样品吗，怎么这么快就没了?”

“都吃了，太好吃了，吃得我昨天晚上一直热血沸腾。”

“哦，要是消费者都像你这样，客户也不用担心这大枣卖不出去了，还找咱们做什么品牌策划呀!”

“还真是，那为啥这么好吃的产品卖不好，还新疆特产呢?”

“道理很简单，你去给客户打电话再要几袋就明白了!”

“好嘞。”说完小明转身出去了，紧接着我就听见小明打电话的声音：“喂，张总吗？上次的样品再送两袋过来好吗？我们老总说你送来了咱们产品就能卖好了。”

小明的执行力是真强，不过我又一次被你的无邪打败了!

俗话说：一方水土养一方人。由于独特的地理环境和气候条件，每个地区都有独特的物产，也因此形成了不同地区特有的饮食习惯和饮食文化。地方特产是品牌农业的优质 IP，但是地方特产要想走向全国，把市场做大，还必须在“特”上取得突破。

地方特产的价值在于它的不可复制性和地域特色，这种地域特色常常与当地的生活习惯相融合。在本质上，就决定了地方特产与区域消费者有效沟通的半径，距离产地越近，消费者对产品的认知度越高，消费习惯越接近，越容易产生购买行为，产区品牌影响力越大，产品也越容易被接受。

从目前来看，地方特产主要以礼品的形式进行销售，节日是主要的消费时机。随着各地区之间互动交流频次的增多，地方特产以礼品形式覆盖的区域越来越广，一定程度上也帮助了地方特产的市场培育。

说起礼品销售，大多数品牌农业都考虑把产品“当礼品、当特产”，认为这样就好卖了。其实不是，这里有很大的认知差别，礼品是一种产品形式或属性，但礼品的可选范围广，农产品只是其中一种。地方特产的身份会促进礼品销售，但是地方特产需要有公众认知基础，它的礼品价值在于地方特有，否则在礼品市场就没有价值，不是所有的农产品都可以当作地方特产。

对消费者来讲，购买礼品实际上是一种被动消费。虽然这种被动消费也可能会因为被动体验而喜欢或习惯一种产品，并逐步培育成主动消费习惯，但速度会比较慢，跟不上企业的发展步伐。例如，郫县豆瓣酱是很好的调味品，在四川、两湖地区市场非常畅销，但是在北方地区市场却很难见到，这就是地方特产的局限，它必须根植于特有的饮食习惯，这是地方特产需要突破的地方。

地方特产想要从区域市场快速走向全国市场，以下几种途径可供参考。

一、可以以礼品购买为先导进行市场培育

在本地的成熟市场上，不断强化礼品属性和地域特色，提升产品在本地礼品市场的占有率。因为礼品馈赠通常面向本区域以外的消费者，所以，在一定程度上能够提升地方特产在本区域以外的知名度，在更大市场范围内进行市场培育和消费引导，这种策略最容易奏效，关键是把握好市场时机，控制好推进节奏。

二、从产品本身的改变上下功夫

利用加工技术改良产品，或是开发以地方特产为主，容易识别的大众化产品，比如，饮料、果汁、糕点、酒类等，然后重点在原料和包装概念上突出地方特色。企业主要考虑如何与目标市场消费人群的饮食文化、消费习惯对接。

以蓝莓为例，虽然蓝莓果的销量有限，但是如果做成蓝莓馅月饼、糕点等产品，则很有市场竞争力。在北方，芒果不属于大众消费品类，但是，近几年芒果汁在北方市场的销量却一直不错。凉茶为从广东走向全国，对产品配方和口感进行改良，才被全国消费者接受。

当然，企业也可以通过改进包装形式或设计消费场景。例如，植物蛋白饮料，过去形成露露和椰树隔江而治的局面，但是，近几年来，露露的市场销量在长江以南稳健增长。这里有两个关键推动因素，一是露露通过改进礼盒装样式，顺应了南方市场礼品设计的消费习惯；二是通过市场运作，露露成功进入当地婚礼等宴会消费市场。这两点完全不同于露露在北方市场的表现——除了整箱的礼品购买外，餐饮公司和家庭购买也很普遍，尤其是冬季。

三、借势社会热点、流行文化进行突破

2003 年，《大长今》的播出，带动了韩国料理店营业额的激增，随后，2005 年，它在湖南卫视的播出使韩国料理在中国也随之火爆。2013 年，韩剧《来自星星的你》在中国大为流行，火了全智贤、金秀贤等明星，此外，还有两种食物也跟着火了起来——啤酒和炸鸡，深得少男少女的喜爱。同样，以小品和二人转为代表的东北文化大热之后，也把东北概念推向了全国，东北菜馆、东北酒紧随而来，这就是流行文化的影响力。

如果地方特产能够与这些流行文化相结合，就容易走向更大的市场。

此外，地方特产要想实现市场突破，还要看准大企业的风向标，紧跟市场节奏。例如，河北赵县以出产雪花梨闻名，当地政府和梨汁生产企业也一直希望把梨汁产品推向全国，尽管努力多年，但是品类的市场影响力依然有限，主销区域始终突破不了河北。康师傅、统一、今麦郎等品牌高调推出冰糖雪梨产品之后，这一局面才被彻底改变，一时间全国一片冰糖雪梨，企业也借此机会走向了更大的市场。无独有偶，格瓦斯饮品也是东北特产，主销区域也限于东北地区，由于娃哈哈推出格瓦斯产品并大肆炒作之后，才具有了一定的影响力。东北的格瓦斯生产企业抓住了这次机会，顺利走向全国，尽管品类的全国市场始终没有形成，但在当时也确实实现了地区突破。

通过对这两个案例的分析，很多人开始探讨“小企业应不应该做创新”，各种观点兼而有之。正知正行认为，尽管大企业可能会在关键时期携品牌、资源及渠道优势后来者居上，但是小企业做产品创新、品类教育也无可厚非，这是市场的需求。但是，不能因为做品类教育就忽视了对品牌的传播，关键要抓住品类崛起的机会，关注前期的创新尝试和市场积累。

总之，无论是采用哪种方式、通过哪种途径实现市场突破，关键要把握好市场的推进节奏，快不得也慢不得，时机来了要抓住，没有机会要耐得住。首先从根据地市场做起，采用先近后远、先慢后快的策略逐步推进，产品设计注重与当地饮食习惯的融合，注重培养消费者的消费习惯。这就是地方特产突破的策略和方法。

第三节　休闲农业的逻辑

休闲农业利用农业景观资源和农业生产条件，发展观光、休闲、旅游于一体的新型农业生产经营形态，也是深度开发农业资源潜力、调整农业结构、改善农业环境、增加农民收入的新途径。在综合性的休闲农业区，游客不仅可观光、采果、体验农作、了解农民生活、享受乡土情趣，也可住宿、度假、游乐。

具有可观光、可开发的农业资源和农业产品是发展休闲农业的基础，即把农业生产、科技应用、艺术加工和游客参加农事活动等融为一体，游客可以欣赏不同于其他名胜古迹的自然风光和生活情趣。它是新型的交叉型产业，也是以农业生产为依托，与现代旅游业相结合的高效农业。

由于城市化进程加快，城市人口急剧增加，为了缓解都市生活的压力，人们渴望到农村享受暂时的悠闲与宁静，体验乡村生活，所以，休闲农业应运而生。

要做好休闲农业，游客体验很重要，但是体验感却具有不可控性，通常因人而异。如果从持续经营和盈利能力上考虑，正知正行认为，休闲农业的运作也必须践行品牌的理念。

一、一定要起个好名字

好名字是一个宣传的符号，能够增加记忆、并有效传播，也能够让信息接收者产生丰富的联想。

什么是好名字？就企业经营而言，好名字关键是要体现经营特色，而且还要有趣、朗朗上口，容易被记住、被传播。例如，“龙门客栈”如图 4－1 所示，消费者可以直接从名字中产生很多联想——江湖侠义、原始苍凉等，再配以农家菜、茅屋农舍、酒旗瓜架等，经营特色就一脉传承了。蓝美庄园也是一个好名字，消费者一听就很高端，经营主题也清晰从名字中辨别。

图 4－1　龙门客栈

二、要有清晰的经营定位

休闲农业要怎么定位？当然是定位自己的特色，但是不能为了特色而特色，还必须系统考虑。

第一，要有精准的目标消费人群，即主要为哪类人群提供服务，为谁而存在。通常来讲，休闲农业消费人群大多都是都市家庭，但这是一个笼统的概念，如果仅限于此就很难做到精准。根据正知正行对休闲农业主力消费人群的研究发现，目前休闲农业的消费人群主要有两类，一是孩子，二是单身或刚进入婚姻的年轻人群，他们带动休闲农业的发展，也是休闲农业应该重点考虑满足的服务对象。当然，除了定义目标人群外，还要考虑消费层次，这是其次。

第二，在清晰定义目标消费人群的同时，还要有清晰的主题定位，无论是做采摘、认养、餐饮、游乐，还是专项种植/养殖，都需要有与之相配套的软硬件设施，但这是在主题定位清晰的基础上才能进一步考虑，也才能更好地满足目标消费人群的需求。

为了实现主题经营，休闲农业可以通过与其他旅游产业结合打造经营特色，例如，可以与花卉、与苗木种植、与牧场、与游乐项目等相结合，做休闲农业重要的不是追求大而全，而是努力做到专而精，这一点与规模无关。

在进行主题定位时，除了上面提到的两类主力消费人群，还可以结合自身的农业特色，直接瞄准某类具有爱好特殊的人群，比如，喜欢文玩的爱好者（核桃、野枣核等），休闲农业就可以抓住这一核心要点进行放大营销。

第三，要不断升华主题，把游乐体验上升到文化体验和精神体验层面。为什么要强调这一点？与自然景观和人文景观相比，休闲农业的游乐性不可同日而语，必须在知识性、趣味性和参与感上下功夫，甚至不排除与宗教文化的结合，以此来强化体验效果。趣味性和参与感容易实现，知识性和文化性则需要下功夫，比如，做具有某种特色品类的博物馆、做农耕文化展示等，如果再配上动人的故事，那么体验感便可瞬间提升。

三、要有系统的产品规划

休闲农业大多不收门票，主要靠消费来实现收益，包括：餐饮、采摘购买、体验消费等。但是餐饮收益是有限的，采摘具有不可持续性，并且体验消费的重复率很低，所以才要系统地规划产品，实现客户体验价值的最大化。

第一，从客户的光顾频次（回头率）考虑产品规划。一方面，可以根据季节的变化，推出不同的特色产品来吸引顾客重复光顾，另一方面，用认养、深度参与的方式增加客户黏性，提高顾客的回头率。

第二，围绕“一留一带”进行产品规划。留什么？当然是让客人留宿，只有客人留宿，更多的收益方式才能实现，目前，这是大多休闲农业发展的瓶颈。带什么？当然指的是可以带走的商品，这就需要经营者在产品延伸上多下功夫。

第三，在规划具体经营项目和产品时，不必拘泥于自身能力，可以充分考虑与周边旅游资源和外部产品资源的结合，比如，拟定旅游路线，或通过与其他企业合作开发更多与经营主题吻合的旅游纪念品、特色农产品等，这些都是不错的选择。

例如，近心农业是一家做绿色蔬菜种植的公司，在销售蔬菜的同时，还充分利用周边资源，开发出了多个休闲项目。比如，与周边的农博园结合，把农业的旅游、采摘、种植体验、餐饮和户外拓展做成一套旅游产品，既可以针对家庭休闲消费，也可以针对青少年野外拓展，从而实现了收益的最大化。

总之，中国休闲农业的整体现状是经营者多，但是同质化严重，真正把休闲农业做出特色、做精做深的很少，能做出区域影响力的更少。对大多数消费者来讲，休闲农业就像是一根鸡肋——想消费又觉得没什么价值，不消费又有这种渴望。

这一点与日益蓬勃的休闲农业消费需求很不匹配，既凸显了现实中存在的问题和不足，又暗含着巨大的市场开发潜力。

第四节　产品结构化路径

品牌农业可做的文章很多，产品开发空间很大，包括实物类产品、服务类产品，原始农产品也包括初加工、深加工产品，在战略产品导向清晰思路的前提下，企业要不断丰富产品的结构，以实现价值的最大化。

一、价格结构化

推进价格结构化是为了实现产品的分级销售，用不同价格满足不同层级消费者的需求，培养品牌的消费梯队，同时，也兼顾企业规模扩张与盈利。在营销运作中，不同价格档次的产品还承载着不同的营销职能，高端产品则更多承载着品牌形象推广的职能。

单就价格结构化来讲，它更适合于单一品类经营和规模化生产类的企业，以品质标准和亚品类细分为背书，充分结合企业的产能，通过不同档次的包装规格实现产品的结构化。比如，企业只经营大米一种产品，除了主打的战略产品（对应一个主打价位和包装规格）外，企业实现产品结构化的方式就是逐步推出不同档次（价位）的大米。

二、品种结构化

价格结构是纵向产品结构，品种结构则属于横向产品结构，通常是为了满足同一客户需求。从生产层面考虑副产品以及闲置资源的价值再利用，或者是从实际营销运作考虑，如何满足渠道和团队的运转需要。

品种结构化相对更适合小规模种植、养殖类的企业。

例如，河北一家做绿色果树种植的企业，从资源循环利用考虑，实现了多产品生产和经营——利用果树林发展树下养殖（养鸡、养鸭），销售肉蛋，再利用果树修剪下来的枝叶，发展食用菌种植等。如果是做绿色蔬菜种植的企业，不考虑通过大批发、大流通扩大销售规模，想要自主运作渠道，实现品牌化，就要充分考虑渠道运作的需要，丰富产品结构，不能只做单一的西红柿或豆角种植，这就是品种结构化。

这种情况，对企业的品牌和渠道运营效率要求比较高，如果这一点做不好，就会造成库存积压或被迫贱卖，还是不能实现有限的价值转化。

三、立体结构化

品类结构化属于产品的立体结构模式，既适合单一品类生产经营的企业，也适合多品类经营的企业。它是以企业的产品加工能力为基础，实现对基础农产品不同技术程度的加工，通过加工实现产品的品类结构和价格结构。

以苹果种植为例，要实现产品结构化，除了可以对鲜果分级销售，实现价格架构外，还可以通过深加工，开发出果汁、果醋、果粹、罐头等不同品类和价格的产品。

总之，在企业能力有限的情况下，想要实现规模化与多产品结构化经营很困难，二者在一定程度上相互矛盾，因为多而全就难以做精，所以小而美也是一种选择。如果是从产品竞争力上考虑，正知正行认为，企业采用单一品类经营，并不断推进产品立体结构化，更容易形成产品的市场竞争力。

第五节　做好用户体验

说到用户体验，相信很多人都不陌生，用户体验是用户在消费产品过程中建立起来的主观感受，是互联网营销强调的内容。如今，无论是互联网行业还是传统行业，都越来越重视用户体验，大家把用户体验提升到新的高度，消费者也越来越在乎、越来越享受这种体验。

从广义上讲，完整的用户体验包括“购买前的认知、购物中的体验、消费及售后体验”的全过程，其中既有物质层面的体验，也有心理和精神层面的体验；既有人的影响，也有产品的影响；既有硬件设施的影响，也有软性服务的影响。仅从购物体验来讲，尽管近些年电商发展迅猛、服务水平也在不断提升，但是电商的购物体验与线下的购物体验有很大差别。尤其是对农产品来讲，在购买过程中，线下购物时琳琅满目的视觉冲击，把玩式的挑拣等，是线上购物永远无法满足的。消费者为什么更倾向于从线下购买生鲜类的农产品？购物体验是关键影响因素。

良好的用户体验能够使消费者忠诚的对待品牌，激发消费者的口碑推荐，带来更多的顾客。那么品牌农业应该如何做好用户体验呢？

一、坚持“口感第一、卖相第一”的原则

农产品及深加工产品，大多数是吃的或者喝的，所有入口的东西，都必须把口感放到第一位，每个人都深有感受，因为在这方面人的感性大于理性。

仔细想想，为什么大家都知道碳酸饮料不健康，仍然有那么多人在喝？为什么膨化食品被定义为垃圾食品，却仍然在超市和商店里大卖特

卖？是消费者不知道吗？当然不是，是消费者管不住自己的嘴。

孔子曰：食色，性也。好色是人的本性，什么是色？一切感官刺激均为色，但凡视觉、听觉、嗅觉、味觉、触觉能感知到的均是色，因此消费者常常被“色诱”。

口感是产品的内在品质，卖相则是产品的外在品质，但都是产品的色相。

所谓卖相，既包括产品的外观，也包括产品的包装，它能够极大提升消费者的消费欲望，进而引导消费者选购，所谓秀色可餐，大抵也是这个道理。香甜的烤红薯、吱吱的煎牛排声、鲜红的砂质西瓜瓤等，都会勾起人的食欲，这种食欲就是产生购买心理的原始动力。

就印耕农业的小米包装看，在设计包装的时候就已经预期到消费者的心理变化，让消费者容易产生购买心理如图4-2所示。

图4-2　印耕小米

为了体现产品的价值，很多企业喜欢把“营养”当成卖点来推广，其实，消费者并不太关心这些，他们最关心的是品质和口感。试问有下厨做菜习惯的朋友，你们在选购食材的时候，或者有到饭店用餐消费习惯的朋友，你们在点菜的时候，有多少决策由“营养”决定，又有多少决策由“嘴巴”决定。在大多数情况下，不好吃的东西，再有营养恐怕也敌不过美味的诱惑。

笨鸡蛋真的比普通鸡蛋的营养价值更高？也许是吧。但是我们相信它的品质一定更好，因为消费者看中的是它的口感。

所以，做好产品体验的首要原则是，坚持口感第一、卖相第一、品质第一，其他的都不重要，尤其不能借着营养幌子进行推销。

二、注重细节的完美表现

2005 年，汪中求先生所著的《细节决定成败》销售非常火爆，书中讲述了工作中的细节，并提出了“精细化管理时代的到来”的观点。

对做产品、做品牌体验来讲，细节也非常重要，因为完美的细节呈现出的是企业的态度，传递品牌的真诚，温暖消费者的心灵，进而提升消费者对品牌的忠诚度，引发消费者的口碑效应。

例如，三只松鼠的消费者购买过产品后，就知道消费者为什么会对它忠诚，为什么愿意购买它的东西。它的竞争力其实体现在细节上的用心，在品质把控上用心，它的干果就极少出现变质、干瘪的现象，在服务上用心，不用消费者提醒，消费过程中用到的垃圾袋、开果器等，都一应俱全地配备，让人感觉很贴心，这就形成了品牌的影响力。

这就是细节，有产品质量的细节，也有服务的细节，在这方面很多企业需要向三只松鼠学习。需要说明细节问题与当下流行的“颜值担当”是两个概念，颜值追求视觉上的美感，而细节追求处处用心，设计更加人性化，两者带来的体验感有很大差别。

三、学会管理消费者的预期

中国人常说：看景不如听景。强调的就是体验感，看到的是具象的内容，听到的则有更多的想象空间，就像“一百个人的心中有一百个哈姆雷特”一样，这究竟包含了多少理性和多少感性，其实很难分清楚。

管理消费者的体验预期，其实就是管理消费者的想象，在这方面，周星驰可谓高手。别的导演在电影上映之前，大多数以剧透的形式预告给观众，比如，发预告片、发布演员专访、举办媒体看片会等，为电影宣传造势，吸引观众走进电影院。但是，周星驰却不这么做，在电影《美人鱼》上映之前，他虽然也在带领主演路演宣传，但是关于剧情梗概、演员造型等一概没有透露，只有一张海报和三张手绘的人鱼，涉及剧情的预告片在影片上映之后才发布，电影《西游·降魔篇》上映时也是运用这样策略。

此外，在产品（电影本身）预期上也是如此，周星驰这样做电影，如果说拍电影就像建房子，周星驰从来不在房子上再建房子，而是在荒漠上建房子，等别的导演也来建房子的时候，他又在找另一片荒漠。所以，观众对周星驰的电影总是充满想象，结果却又超乎想象，体会到既熟悉又陌生的新鲜感。

所以，周星驰的电影票房总是那么好，周星驰本人所具有的影响力是一方面，更重要的是在影片上映之前，观众对影片没有预想只有期待，观影之前根本想不到电影会是什么样，这样观影前后的心理落差不会太明显，观影后的满意度就会更高。对一部电影来讲，前三天，票房基本靠前期的炒作和宣传，三天之后，靠观众的口碑，管理观众的预期、提升观影后的满意度就会提升电影的口碑，助推票房的提升。

关于品牌农业，以观光农业为例，就消费者体验后的满意度，正知正行曾经做过两项研究。第 1 个项目，环境普通、基础设施较差、菜品也很大众化的农业休闲基地，有几百亩的山头，绿化也不算太好，也没什么地面建筑，就是一个简陋的农家院式的餐厅，提供的都是农家菜，服务质量也谈不上。第 2 个项目，经营面积更大、经营种类更丰富、基础设施也相对完善的农业观光基地，可以采摘、观光，餐厅和住宿档次更高，提供的菜品更精致，项目包装的也很到位。

按照正常逻辑，消费者应该对第 2 个项目有更好的消费体验，满意度也应该更高。但结果恰恰相反，消费者对第 1 个项目的满意度更高，而且反馈结果还来自同一批顾客。

你可能会纳闷，因为我也曾经很纳闷。后来经过深层次分析研究发现，体验满意度的差异，不在于硬件或软件设施的差异，更多来自于消费者的期望值。第1个项目，虽然设施条件都比较低端，但消费者就是要这种农家感觉，所以低端就吻合了消费者的期望，满意度就高。第2个项目，虽然在品牌和文化包装上做得很高端，但是也提高了消费者的期望，体验之前，消费者根据在网上或媒体上报道，更多地将其想象成欧美农庄，但是实际结果却达不到预期，所以就会很失望。

为了吸引顾客，企业都会把最好的一面展示出来，传播给消费者，甚至会有夸张的成分，为了让消费者看起来觉得光鲜，听起来觉得别致，但是这份光鲜别致既吸引了顾客，也抬高了期望，正所谓“希望越大失望越大”，期望值越高，也越容易拉低满意度，不利于提升用户体验，消费后的口碑、忠诚度也会受到影响。

案例三　观止斋如何做茶叶

做品牌通常有两种选择，一是在全国范围做知名度，把品牌做到行业闻名，然后靠品牌进行扩张；二是在小范围内做人气，把品牌做到小而美，靠口碑带动品牌发展。观止斋就属于后者，从2006年品牌创立到今天，观止斋用心经营了10年，10年时间，观止斋从一家店面发展到如今的近百家店面。在茶叶领域观止斋是一个响亮的品牌，在北京、苏州、成都等地的文化圈内也颇具人气——观止斋聚集了一批对中国传统文化充满崇敬之心和喜爱之情的人。

观止斋的创始人王砚生说：“我们总会不自觉地把自己对中国传统文化的理解和热爱移情到产品和生意上，我们希望在生命中能够拥有更多的宁静与美好，也希望能把这些宁静与美好分享给更多人。”

一、书生转行做茶

王砚生是个文人，平时喜欢写字、画画、读国学，也是京剧票友，曾经在广告公司做文案、在咨询公司做顾问，一直也做得很好。但是他认为，人总要有个出路，如果现在正在走着的这一条没有出路，那么是不是要换一条路走？所以他想要选择一条自己喜欢的路。

在2006年下半年，他开始做茶。2007年年初，已经成为勐库戎氏北京办事处销售量很高的经销商。2007年，春茶期间他受勐库戎氏邀请，参加永德新厂的开业典礼，第一次上了云南的茶山，也算是开了眼界。

事后他想，市场上从来不缺少好茶，缺少的是不需要高深的品鉴技术就可以识别的好茶。这就是品牌化的重要性，品牌化最终就是要把价值和信任凝聚在一个符号上。

但是一直以来，茶叶行业都没有形成强有力的品牌，品牌势能无法帮助到终端销售。大中型企业空有牌子没有调性，品质又总是起伏不定，对各个经销商的管理和服务基本不存在。所以，与其做某个品牌的茶，还不如自己跑到山上做出品质好的茶，他就此萌生了自己做品牌念头。

二、什么是品牌

品牌是什么？品牌是消费者经验的总和。消费者会以各种方式，从各个方面累积品牌的经验。如果一个产品，全中国只有一家店卖，只有一个人吆喝，那个永远都只能叫自吹自擂、自说自话。但是如果一个产品，在市场上有若干个销售店面，有若干个人说好，这就是相互印证。印象叠加，就会形成市场的氛围，产品的价值足够凝聚和稳定，当价值和信任在一个符号上被累积下来后，市场上才会形成可以轻易准确识别的好产品。

但是，在茶叶领域，要做成品牌很难。因为产品缺少统一的识别标准，消费者也缺少评判识别能力。即使企业建立自己的标准，通过广告提升品牌的知名度，通过连锁经营实现品牌氛围，但是“小散乱差，江湖气过重，单兵作战能力很强，团队合作能力很差”这是一个不争的事实，品牌所依存的是人与人之间的信任。

茶行业是一个概念满天飞、频繁出新的行业，有的茶商为了赚钱，不对自己的行为加以制约，不考虑长远前景，使用偷奸取巧的做法。卖纯料的说纯料好，卖拼配的说拼配好，卖老茶的说老茶好，卖中期茶的说中期茶好，卖熟茶的说熟茶好，一会儿做个新工艺、新种类，又是铁壶银壶，又是宋罐元罐等。

中国茶叶行业的现状不是由资本决定的，也不是由国家决定的，当下出现的这些问题是由市场造成的。立顿在全世界销量很大，但是在中国的生意并不大，这也是由中国市场的具体情况所决定的。中国的茶叶消费者是全世界最懂茶的，是全世界茶文化积淀最深的。在一定程度上，文化决定消费，有什么样的文化就有什么样的消费。在中国，只要在那些具有古老传承的行业和领域，文化上都具有多元性，这导致消费也非常复杂和多元，因为历史积淀让文化累积非常丰富多元。

有一段时间，观止斋也特别喜欢宣传：观止斋的茶叶才是最好的。但是后来发现这很不好，所以观止斋就开始向茶友们公开茶叶采摘制造的全部过程，而不再是从自己的角度妄作评判，只是提供实情，让茶客们参考。

由此，也有了观止斋的“四不为”，一不去参加评奖，荣誉由消费者说了算；二不去参加拍卖，价值由消费者说了算；三不搞专家品鉴，品质由消费者说了算；四不搞权威认证，信誉由消费者说了算。因为它认为，在一个缺乏公信力的时代，应该有自己坚信的东西，坚持的东西，坚守的东西，这与他人无关。

三、观止斋的由来

“观止”的意思，就是看到这里，就可以停了，不必再去看别的了。任何东西好到了一种极致，就叫“观止”。这是观止斋始终追求的境界，观止斋的品牌语是“独与天地精神往来”，后来被戏改为“独与天地精神病往来”，也很贴切，因为唯偏执者得以幸存如图4－3所示。

觀止齋

獨與天地精神往來

图4－3　观止斋

观止斋专做普洱茶，包括生茶和熟茶，也做红茶。在制茶的原料选择上，观止斋坚持纯正的云南古树茶青，选择古树茶青作为原料，一方面，是为了保证茶叶的品质，不含有化肥农药残留，另一方面，是为了将更好喝的茶呈现给茶友。

做茶的人都知道，纯料古树茶是所有普洱茶中成本最高，也最难做到，同时，也是品质最好的茶。为了向茶友呈献“惊艳”的纯正古树茶，观止斋在采摘制作过程中的各个环节，倾尽全力。

王砚生说：“我们能为茶友们做到的，我们都尽力去做，尽力做好，在茶友和我们之间，我相信这是一种相互成全和信任。我想，茶不只是茶，观止斋也不只是做生意，我希望它能坚持一种朴实的质地；我希望它能成就一些宁静的心灵；我希望它能成全一个坚定的寄托；我希望它能成为一个心与心可以交流、成长的山水田园。”

现在及将来，观止斋要做的，就是在复杂多元的原材料供应和复杂多元的市场需求之间，做一个保真的、大自然的搬运工。如果你想知道名山名寨的纯料古树普洱茶是什么味道，不妨从观止斋开始。中国的茶叶市场非常大，各种茶都有自己的市场，纯料茶有纯料茶的市场，拼配茶有拼配茶的市场，老茶有老茶的市场，中期茶有中期茶的市场。这个行业正如朝阳一般喷薄而起，前景非常好，也正是企业大展身手的最好的时机，不要嫌它小、破、乱、穷，如果它成熟了，我们未必还有机会。

所以，企业要理性分析市场、顺应市场，选择好自己的经营方向，坚持好大方向并且在具体运营操作上少犯错误，才能不断成长壮大。不要因为订单小就不自信，就狭隘，有竞争才能有进步，这考验的是企业家胸怀。

这也是观止斋做茶叶的态度。

第五章
做产品的三大误区

前几天有客户来拜访，拿着两款饮料产品想做品牌，我安排小明负责接待洽谈，事后他向我汇报情况。

“领导，这客户太虚伪了！那大钻戒一下午把我给闪的，回家点了两瓶眼药水，八个手指上都戴闪耀着红的、蓝的、黄的、白的，人长得也彪悍，浑身不见骨头只见肉，走起路来全身抖，据说以前是做矿的，现在刚花钱买了这个饮料厂，说今后要大力发展饮料了！”“那好呀，合作的事谈得怎么样？对了，怎么只有八个手指呀，另外两个呢？”

“啥也没谈，被我给轰走了！”

“为什么呢？”

“就她那趾高气扬的劲儿，我就看不惯，弄一款山药汁饮料，喝着没有山药味，跟红牛似的，非说自己是德国工艺，产品比红牛还好，功能更强，要卖得比红牛还贵，还说已经跟张曼玉谈好品牌代言了，这不是做梦吗？她带的那个负责产品技术的人也是个马屁精，净跟着老板瞎起哄，说自己啥都好，一点都不低调，你说这样的企业能做好吗？”

“是有点问题，不过人家这叫高调做事，无伤大雅，后来呢？”

“后来我就跟她说，这事我们做不了，你们去找叶大师吧！”

“然后呢？”

“然后，他们气呼呼的就走了。”

“小明啊，你真是个可爱的孩子。”

“你不是常说要对客户负责吗？这事我觉得咱们真做不了，那就让人家另请高明。”

“好吧，小明，我再一次被你的无邪打败了！”

做产品就像养孩子，在企业的眼里，产品都是自己的最好，市场没做好不在自身找原因，要么指责畅销的竞品质量不好，要么抱怨消费者傻，不懂得甄别，这种情况非常常见。

对产品有信心是一件好事，但关键是把这份信心用在哪里。产品好不好，够不够优秀，通过市场竞争，通过产品对比自会见分晓。

做产品，我们不提倡这种精神，过分迷恋技术能力，过分迷信产品的价值，最后受伤的还是自己。

如果做产品真是养孩子，企业需要的是养孩子的态度，而且是养姑娘而不是养儿子的态度——你想让她将来嫁个什么样的人家，就得考虑怎么养。是贤良持家型，还是才艺双全型或者泼辣开拓型，目的都是让她嫁得好、过得好。

第一节　小心技术的陷阱

对产品过度自信是常有的事。那些技术出身的互联网人在做产品的时候，常常会犯一个毛病，掌握了一项技术，就千方百计地想利用它，也不管产品是否需要这个功能，如果不需要，技术再先进也只是功能的堆砌。

农产品，从原始产品向前发展，就迈向了加工产品，产品同质化、附加值低及储运不便等诸多问题随之而来，所以，不断提升农产品的加工技术是品牌农业发展的必然趋势。另外，从发展趋势上看，随着人们生活节奏的加快，生活品质的不断提升，对农产品的质量标准和便捷程度的要求也会越来越高，而要实现产品的便捷化，就要依赖加工技术。同时，也要重点考虑加工产品的标准化程度和品牌化运作机制，要不断提高标准化程度，运作机制也要更加成熟。

所以，从市场上看，近些年出现的农业深加工产品着实不少，各种原料的果汁、蔬菜汁、果酒、果干、果粹、果酱等，几乎可以横跨饮料、休闲、糕点等品类，当然主粮类食品的深加工产品也层出不穷。

但遗憾的是，这些深加工类的农产品很少获得成功。

企业要想做出有市场有前景的产品，不能单纯以技术为导向，关键是要找准需求，抓住消费习惯。在某届全国糖酒会上，曾有家实力很强的企业高调推出了一款杯装的果肉产品，定位于年轻人的休闲食品，包装做得很漂亮，口感也非常好，企业还扬言要做杯装果肉品类的第一品牌。但是糖酒会之后却一直不见动静，慢慢地产品也在市场上消失了。

思念食品为什么能在主粮深加工产品上做得那么成功？水饺、馄饨、汤圆、手抓饼等，每款产品都很畅销，因为这些产品根植于中国的传统饮食文化，有着非常成熟的消费习惯。沙棘是一种营养价值很高的水果，但其饮料的销量并不好，反而沙棘牛奶却很畅销，因为它提升了牛奶的价值并且借助了牛奶的品牌力量进行推广。大枣的营养价值也是被公认的，枣汁饮料的销量并不好，但是红枣酸奶却有巨大的销售市场。

所以，做农产品深加工不是要靠多么尖端的技术去开创新品类，而是要立足于传统饮食习惯，依附于成熟的大品类去开发终端产品。当然，我们并不否认开创新品类的市场价值和可行性，但关键是要把握住消费习惯，平衡产品价格，一味地靠技术创新产品，只会把自己逼上绝境。

第二节　别迷信三品一标

快过年了，小明正在考虑着要给未来的岳父、岳母大人买点东西，最后选中了有机农产品，就跑来问我合不合适。

“小明，你就抠死算了，将来还要娶人家姑娘，怎么也得弄点值钱货吧！”

“这是我们家小蔡（女记者）选的，她说她妈就喜欢实惠的。”

“也是，这样吧，你直接弄两吨大白菜或者大葱送去，不是更实惠吗？老人过日子都喜欢这个。”

听我说完，小明若有所悟：“领导，你说得还真对，这有机食品也挺贵的，还不知道是真是假，我赶紧看能不能退了，换成实惠的东西。”话没说完，小明就一溜烟地跑出了我的办公室。

“小明，回来，我还没说完呢。”可是小明已经跑远了……

产品的价值不在于产品本身，而在于消费者的认知，品质信任是前提，小明投其所好的决定，就是由认知价值决定的。

“三品一标”即无公害农产品、绿色食品、有机食品和中国国家地理标志如图5-1所示。为了凸显品质，大多数农业企业都很重视“三品一标”，因为它能够保障农产品消费安全，提升农产品的标准化水平，还能够为品牌提供有力的背书，是优质农产品品牌建设的基础。

图5-1　三品一标

从现阶段来看，“三品一标”仍是放心品质的背书，是农业企业提升产品附加值的主要手段，也是消费者安全消费的保障。但是，需要看到的是，随着2015年10月1日新修订的《中华人民共和国食品安全法》的实施及市场竞争环境的不断规范，加上政府在食品安全保障方面各项监管措施的出台和推进，越来越多的企业加入“三品一标”的行列。正知正行认为，食品安全终将有一天不再是中国消费者首要担心的问题，届时，“三品一标”的市场价值也将大打折扣。

另外，消费者对“三品一标”认证机构的公信力，对被认证企业的实际执行力存有的疑虑在短时间内不会消除，将信将疑者居多，这也在一定程度上削弱了“三品一标”的市场价值。

随着农业行业竞争的加剧，“三品一标”将会成为农业企业参与市场竞争的必要条件，企业以此建立的独特竞争优势将会彼此抵消。

从长久来看，“三品一标”并非企业做产品的关键，选产区、定品类、做出产品的差异化特色仍是主要内容。

对于品牌农业来讲，“三品一标”是当下的生路，但不是未来唯一的出路。

第三节　不崇拜高价格

前几天我受邀参加一个产品众筹的路演活动，小明和我一起去。其中有个笨鸡蛋的项目，我觉得很有意思，就让小明重点关注。

活动结束后，小明对我说：“领导，你干啥让我关注这个笨鸡蛋呢？我觉得它市场反应好不了，听他们讲，鸡蛋营养高、口感好，可价钱也好呢，58元/斤，黄金蛋呀？化学成分还独特了，再好它也不过是一颗鸡蛋吗！”

“是呀，你说的对，我也没说看好它？”

“那你让我关注啥？”

“我只想知道消费者对价格的接受情况！”

“哦，就一个字——贵，看完产品问完价格人都走了！”

“那你说大家为啥不接受价格？”

“贵呗！”

“好了，小明，你可以下班了！”

“好的。”说完，小明这个纯粹的孩子就下班回家了。

每一款产品，价格高低总有理由，很多时候这些理由并不重要，但是，如何让消费者相信并接受价格定位很重要，否则就会无人喝彩。对品牌农产品来讲，价格高是目前消费者的主要印象，也制约着品牌农产品消费人群的增长，影响品牌农产品从礼品走向消费市场的关键因素。

从企业层面看，提高成本是为了提升产品质量，好的产品价格随之升高，产品加工和运营成本决定产品的价格，换句话说，企业未来获利，就会制定与成本相匹配的价格。从市场层面看，高价格彰显品牌档次，但是，背后也隐藏着企业对价格认知的误区。

一、认为高端定位就是高价格

对很多企业来讲，提起做品牌，一开口就是“我做的是高品质，我要定位高端”。因为大家普遍认为高端客户具有更强的购买力，认为高端客户是优质客户，定位高端就可以提升价格，从而获得可观的利润。

但是，高端定位不是简单地把品牌定到高价位就可以了，高端定位定的是价值，关键是认知。价值是什么？是品牌的身份标签，既包含产品的价值，也包含产品之外的价值，它为消费者提供生理和心理的双重满足，为特定的消费人群，提供特定的服务价值。

高端定位也不是简单地把品牌消费者定位于高收入人群，而是关注有现实需求、愿意付出行动且容易产生购买行为的人群。高端定位与消费者收入无关，任何消费者都有可能在某类产品上选择高端品牌，比如，月收入一两千的年轻人群，一样会辛苦攒钱购买一部苹果手机、购买一款 LV 的包包，平时省吃俭用的老年人也会为了健康去购买价格高昂的保健品，这些都不是由收入决定的。

另外，如今的高端消费人群已经趋于理性，他们不会再像暴发户一样不假思索便一掷千金，也不会出现电影里所讲的“只买贵的不买对的”等。如果高价值未能成功构建，那么定位“高端”就是企业的一厢情愿。

在品牌农产品中，绿色、有机、生态、无公害、新鲜等品质价值已经趋于常态化，不是高价的充分和必要条件。

二、认为有消费能力就有一定有市场

消费者的消费能力，是农产品定高价的主要考虑因素之一，但实际上，“心理接受度”支撑着高价格，“心理接受度”和“品牌价值”共同决定了消费意愿和消费行为。

就笨鸡蛋价格，我曾经访问过很多消费者，大家普遍接受的心理价位是15元/斤～20元/斤，太高就难以被接受，这个就是企业定价的参考。

近年来市场上各种新型饮料产品层出不穷，每种饮料都有它独特的价值，但是却没有好的市场销量，除了产品定位、市场运作等原因外，价格也是关键制约因素。在消费者的认知中，一款饮料，首先要有饮料该有的价格，其次才是某类饮料的价格，这是消费者的衡量价值标准，也是心理接受的底线。同样是梨汁饮料，康师傅、统一的产品卖3元就很畅销，而赵州等品牌尽管提高了产品品质，当然也提高了生产成本，只把价格提高了1元，就很难被接受，其实也是这个道理。

另外，虽然消费升级是大势所趋，但是消费升级不等于高价格，消费升级追求的是品质和价格的双提升，消费者能够接受的是与价值匹配的价格，与单纯的高价是两个概念。而且从国家大力扶持农业的本意上说，目的不是推高农产品的价格，而是要提升品质，同时，价格也要合理。

所以，消费能力和消费行为是两码事，还必须考虑消费意愿。

总之，“提升品质”和“降低成本”永远是企业的两大职责，回首工业化的进程，除了产品不断丰富、品质不断提升外，与此同时，产品的价格越来越低，性能越来越好，性价比越来越高。

所以，品牌农业也必须要有提高成本的意识，把成本（价格）管理当作重要的课题来做，包括种植养殖成本、仓储物流成本、管理运营成本、人力资源成本等。从粗放经营走向精细化管理，这是农业发展的必然趋势和要求，在实际运作中，管理粗放、疏于成本控制，也是导致农产品价格居高不下的主要原因。

价格是影响消费者购买决策的关键因素，也是打造市场竞争优势的关键。在价格上，不能简单听消费者说贵还是便宜，更要看消费者的行动结果。

案例四　富岗苹果的两头抓

在京津冀苹果销售市场，富岗苹果如图 5－2 所示拥有很高的知名度，提到富岗苹果，人们有两个深刻的印象，一是苹果确实好吃；二是价格确实很贵，一个苹果少则十几元，高的上百元。

2015 年 10 月 17 日上午 9 时，正值苹果收获的季节，中央电视台新闻频道《大秋收》栏目对内丘县岗底村的“富岗”苹果丰收景象进行了现场直播。这次直播以“太行深处‘花果山’，果满枝头尽飘香”为主题，向全国观众全景展示了“富岗”苹果丰收的场景。之所以选择在岗底直播，就是要把岗底村的苹果完美呈现在屏幕上，让全国的电视观众知道岗底村，知道岗底苹果。

一个苹果，到底有什么样的魅力能把中央电视台吸引过来？一个苹果，又是靠什么在市场上叫好又叫座的呢？

一、从源头做好品质

河北富岗食品有限责任公司成立于 1996 年，位于太行山优质果品

图 5-2　富岗苹果

带的中心地区——河北省内丘县岗底村。近年来，岗底村大力发展林果业，创建河北富岗集团，探索出了“改革推动、科技支撑、市场引领、创新发展”的“富岗模式”，将小小的苹果做成了富民产业、知名品牌和健康文化，走出了一条绿色崛起、跨越发展的“富岗之路”。

（一）从荒山开发说起

“富岗模式”起源于荒山开发，为充分发挥村集体和群众的优势和积极性，岗底村对原来的荒山开发管理模式进行了三项改革。

1. 改革治山模式

实行“五统一分”治山模式，即统一设计规划、统一组织施工、统一组织服务、统一质量标准、统一检查验收，分户承包管理，他们将分到一家一户的荒山收归集体，由集体对山、水、林、田、路进行顶层规划，综合开发。这样的规划有助于集中资金和力量办大事，解决一家一户解决不了的难题，大大提高了治山的速度和标准。经过 10 年努力，全村治理了“三沟两峪一面坡”，栽植苹果、核桃、板栗等近 6000 亩，亩均收益达 1.9 万元。

2. 改革管理模式

实行“五分一统”管理模式，即分户专业承包、分散经营管理、分类技术指导、分清权力责任、分级独立核算，统一品牌销售，这种模式既有效激发了农户的积极性，增强农户的责任心，又顺应市场经济潮流，实现联合抱团闯市场。

3. 改革营销模式

实行“公司＋基地＋农户”的经营模式，以富岗公司为龙头，将农户和市场连接起来，果农负责种好树、交好果，果品由公司统一收购进行包装后，通过专门渠道销售，实现公司与果农利益的“一体化”。

（二）三化联动做产品

富岗公司自始至终把果品质量作为立身之本，实施“三化联动”，在激烈的市场竞争中脱颖而出。

1. 标准化生产

公司成立富岗果树研究与开发中心，聘请中国农大、河北农大的专家教授进行细心指导。根据岗底村海拔500米～1200米、平均温度15度等独特的自然条件，在果树上好中选优，优中改良，历经数百次实验，培育出了富岗一号、富岗二号、富岗三号等多个具有市场竞争力的富岗苹果品种。经过精心研究和反复实验，为富岗苹果量身定做了128道标准化生产工序，指导果农像工人生产标准件一样生产苹果，保证了富岗果品独特的优良品质。2000年以来，富岗苹果连续通过绿色食品认证，荣获“中华名果”称号，并且被选定为北京奥运会专供果品。

2. 网络化营销

公司投资1000多万元建设了4000吨的气调库来解决鲜果储存，使消费者一年四季都能吃上新鲜的富岗苹果。在果品销售中，严格执行“一个窗口”策略，不通过经销商推销，而是由公司设立专卖店独家售出。

与此同时，公司还积极发展电子商务，开通了阿里巴巴和淘宝的网上商城，把专卖店设在5亿网民的电脑前，将优质的富岗系列产品销向全国各地。

3. 全程化监控

针对消费者关注的食品安全问题，富岗公司建立了国内第一个苹果类的食品安全追溯系统。消费者可根据苹果上所贴的三个标签码，在富岗公司网站上查询到苹果在生产、物流、销售等各个环节中59项安全信息，真正做到了从果园到餐桌的全程绿色监控，使消费者们在心中达成了“吃富岗苹果，就是吃营养、吃绿色、吃健康”的共识。

（三）持证上岗做农民

发展现代农业，离不开高素质的农民队伍。2009年，岗底村抓住邢台市农业学校“送教下乡”的机会，送果农上了中专班，191名学员顺利通过考试，获得初、中级证书，岗底村成为全国“持证下田”第一村。走进富岗苹果基地，每个果园都树立一个牌子，上面写着果园经营者的学历、证书级别、果农的承诺等，所有果园全部建立日志档案，做到“无证难上岗，持证好下田”。富岗苹果生产基地涌现出的职业农民和“苹果专家”，经常到外村、外地指导果农科学种果树，被称为太行山科技种苹果的“播种机”，富岗苹果基地带动太行山区周围5万亩的苹果种植，辐射石家庄、邢台、邯郸、承德等市的14个乡镇369个行政村。

二、用品牌闯市场

农业是一个产品同质化非常严重的行业，中国的市场也从来不缺少优质农产品，尤其是像苹果这种大众化的产品，但是好产品生产出来卖不出去或被贱卖的情况却很普遍。与大多数企业相比，富岗没有仅仅满足于产品的质量，而是自始至终就有清醒的认识：要做好农业，打通市场是关键。

要做好品牌仅有意识还不够，还需要方法，更关键要抓好市场时机，在这一点上，富岗做得特别好。2013年可以看作品牌农业发展的分水岭。在此之前，市场竞争远没有今天这样激烈，品牌数量少、踏实做市场的更少，在相对清静的市场环境中，品牌很容易被关注，也很容易脱颖而出，富岗就在这样的市场环境中做起来。

（一）创建品牌

1998年，富岗成为全省第一家为苹果注册了“富岗”牌商标的企业，精心设计了高档、独特、新颖的苹果包装，并且申请专利加以保护，大大提升了产品的档次和附加值。富岗，寓意“富裕的岗底村”，这一目标如今已经变为现实，曾经的荒山秃岭成了国家级农业示范区，岗底村也成了远近闻名的小康村。

（二）打响品牌

注册商标、设计包装只是做品牌的开始，更重要的要让更多人认识并接受这个品牌，这就需要品牌推广的支持。

首先，要得到业内的认可。为此，富岗积极参加各种展览、评比和推介活动，富岗果品先后获得12项国家级奖项——1999年，富岗苹果荣获“99昆明世博会银奖”；2000年，富岗苹果连续通过绿色食品认证，获得绿色食品标志的使用权；2003年，富岗苹果生产基地被国家标准化委员会评定为国家级农业标准化示范区；2006年，富岗苹果被评为“2008年奥运推荐果品”一等奖，荣获“中华名果”称号；2007年，建立了国内第一个苹果类的食品安全追溯系统；2008年，富岗苹果被确定为奥运专供果品；2009年12月，富岗苹果基地被中国科学技术协会评为全国科普教育基地等。得益于品牌价值，富岗苹果告别了过去的论堆卖、论车卖的销售方式，实现了论箱卖甚至论个卖。

与此同时，媒体、社会团体合作的社会化公关和推广活动也成为企业推进品牌战略的重要方式，2008年7月13日，为庆祝富岗苹果成为2008年奥运会专供果品，公司特邀请邢台市豫剧团赴内丘县岗底村慰问演出；2013年与河北工大“联姻”共建大学生社会实践基地；2015年启动“9·18邢襄健儿走太行网络大V看富岗”活动，该活动通过腾讯微博实时播出，由徐侠客、李新月、于卓、王小可、腾讯人员、黎加梅沙TOGN、行者王亮等网络大V助阵。加上每年的苹果采摘节《中央电视台》《河北电视台》《河北日报》《邢台日报》《牛城晚报》等各级媒体的不断报道，使得富岗的品牌影响力一步步地得以彰显。

（三）用好品牌

依托“富岗”的品牌效应，在以富岗苹果为核心果品系列的基础上，公司相继推出了以富岗板栗、富岗杏仁为核心的富岗绿色干果系列；以富岗农家蛋、富岗农家鸡为核心的绿色禽蛋系列；以富岗杂粮豆、富岗杂粮面为核心的富岗小杂粮系列；以富岗山葱花、富岗韭菜花为核心的富岗山野菜系列；以富岗香油、富岗核桃油为核心的富岗绿色食用油系列。经营品种更加多元化，能更好地满足市场需求。

三、自建渠道做销量

在富岗“五分一统”的模式中，品牌专卖店是“统”的核心，是主要渠道形式并贡献主要销量。经过十几年的发展，以自营和加盟两种形式协同发展，富岗已在北京、天津、石家庄、深圳等十多个大中城市建立了30多家富岗产品专卖店。

虽然从今天的市场上看，开设品牌专卖店已经成为农业领域很普遍的渠道形式，但是在富岗创立之初却是一次大胆的尝试，这次大胆尝试让富岗赶上了“团购渠道”的黄金时期，成就了富岗的品牌价值。

通过对富岗品牌专卖店的研究，有两点值得思考。

第一，专卖店的开设要控制好节奏。在这方面富岗做到了两方面的工作，一是在扩张模式上，坚持从产地市场（内丘、邢台）向外围逐步扩张和从制高点市场（北京、天津、深圳）向下辐射的双向扩张模式，兼顾了销量的实现和品牌形象的树立；二是稳步推进、稳扎稳打，不急于做规模，存活一家开设一家，有效保证了开店的效益。

第二，在品牌专卖店建设中实现了渠道力和品牌力的协同提升。基于自身的中高端品牌定位，在开店初期富岗重点靠渠道力（团购为主要形式）推动销量的增长，利用高端人群消费带动品牌力的提升。再加上企业不间断的品牌推广活动，后续随着品牌力的逐渐形成，散客零售在单店经营中所占的比重越来越大，这时候靠品牌力来释放渠道力，离开团购的支撑，品牌店也有很好的销售量。这样有了渠道力和品牌力的双支撑，富岗的市场才得以逐步做大。

这就是富岗，立足于巍巍太行的绿水青山，围绕一二三产业的融合发展，正在努力打造“中国果品行业第一绿色品牌”。

第三部分

摇滚吧品牌

品牌是一种竞争手段，更是一种经营态度，它代表着企业的承诺。品牌的背后是不断积累的口碑和声誉，品牌是企业持续经营的结果。

在品牌建设的道路上，我们不是去思考哪些产品更适合品牌化，而是去探索农业应该如何实现品牌化，因为品牌是市场竞争的最高层级，市场化即意味着品牌化。

2015 年初秋，小蔡（女记者）帮忙介绍了一个做野生酸枣汁的客户，企业就在太行山脚下，我、小明和小蔡一同驱车前往企业所在地。

因为是小蔡介绍的，看在她的面子上，客户的接待标准很高，当地负责工业的副县长也一路陪同。企业的老板很有理想，一直把“盘活家乡的野生酸枣资源，带领乡亲们致富”作为最大追求，企业老板说：“要大力发展野生酸枣产业，要全面开发酸枣汁、酸枣粉、枣芽茶各种产品，让企业走向全国。”

虽然调子定得很高，但是最终我还是听出了企业老板的真正目的——就是想做几款包装，多卖点儿货。

尽管知道企业的需求是什么，我们还是本着专业的态度，从品牌建设、品牌定位、营销策略依次聊到团队建设、终端运作等，老板听得很激动，还表示要把企业做成这个行业的领导品牌等。

最后，小明说：“做品牌是解决企业持续发展的战略问题，品牌需要规划，需要传播推广，更需要营销人员的层层落地执行。据我了解，企业目前一共有三名销售人员，而且半年多没发过工资了，这样的企业怎么会有执行力？怎么让人相信做品牌的态度呢？领导开的是上百万的新车，不管企业有钱没钱，都不应该这样，这种情况下，就算把品牌规划的再到位也没用，谁来执行？怎么落地呢？”

小明的话还没说完，我就看见企业老板的脸已经绿了，县长的眼神也不停地在我和企业老板之间转来转去。说真的，遇到小明这样的人才，在这种场合说这样的话，我已经尴尬得不敢正眼去看客户了。

小明的话刚刚说完，我赶紧插话说：“呃，小明，你去车上给我找个充电器吧，我手机没电了！”

“哦，不用了，领导，我带着充电宝呢，马上拿给你。”说完小明开始低头从包里翻腾充电宝，现场的气氛这才稍有缓和。

小明看问题越来越尖锐了，把“犀利哥”的称号给小明才算名副其实。不过话说回来，企业如果连业务人员的工资都要拖欠，老板却换了上百万的新车，且不论这家企业的资金实力如何，没有人会相信它有前景，更没有人相信它会认真做企业、做品牌。

品牌的事情，说起来简单也复杂。说它简单，因为起个名字、弄套包装就算是做品牌，说它复杂，因为企业所有的经营活动都与品牌有关。

对大多数企业来讲，还是把品牌的问题想得简单了，他们认为只要起个响亮的名字，再找设计公司做一套漂亮的包装，在包装上标注几个荣誉认证，就是做品牌了，投放到市场上就能实现销售业绩。

事实上并非如此，起个好名称，做套好包装，只是做品牌的基础步骤。要实现品牌的价值积累，关键是要不断建立和丰富消费者对品牌名称的有价值的信息联想——包括产品、工艺、品质、功能、企业、产地、领导者等。在消费者对这些信息有印象的基础上，建立品牌与消费者的联系，让消费者在需要时直接联想到品牌信息，并选择购买。

第六章

品牌的诱惑

一般情况下，企业赢得市场竞争的途径有3种：一是掌握核心技术，提供别人无法提供的产品或服务；二是垄断资源，做别人没有的但市场需要的产品或服务；三是打造品牌优势，用品牌营销赢得市场竞争。

对大多数农业公司来讲，前两条路径基本走不通，品牌营销还是企业做大、做强的唯一出路。所以，只要有做事业的心态、有合适的产品，就必须走品牌之路，只是为了销量比品质、拼价格、走关系等都不是长久之计。

很多老板都习惯把做品牌挂在嘴边，一有机会就大谈品牌理想。且不论老板内心是否真有这种想法，也不论在实际经营中是否会这么做，更不论企业是否有实力和能力去实现，哪怕只是嘴上喊口号，对于提振营销团队的士气、重塑经销商对企业的信心都很有帮助，因为品牌确实很诱人。

对企业来讲，建立了品牌意味着拥有了持续稳定的销量和更高的溢价能力，意味着企业在产业资源整合中，拥有了更多的话语权和更高的掌控力。

所以，企业一直对品牌的结果充满渴望，加上蜂拥而至的各种利好政策及业内各种专家对品牌农业的鼓吹，当然也离不开诸如褚橙、柳桃等品牌成功的正能量激励，于是无论是近几年新进入农业领域的企业，还是过去一直在农业领域耕耘的出口型、原料型企业，都开始了自己的品牌建设征程。

第一节　品牌需要态度

说起做品牌，很多老板第一反应都是企业缺资源、缺钱、没团队、缺少方法……企业应该怎么办？怎么做品牌？其实不是缺钱、缺方法，关键是缺少对品牌的态度，很多老板花钱买豪车、花钱吃饭喝酒，却在品牌规划、包装设计投入上扭扭捏捏就是最好的说明。有了态度才会主动学方法，有了方法才知道怎么整合和利用资源。

2015年，一篇名为“为何德国只有8000万人口，却能诞生2300个世界名牌”的文章在微信上广为流传，文章提到的做品牌的观点值得推广：一是企业要珍惜身后名，不贪眼前利；二是要重视产品质量，相信一个对产品高度认同的顾客一定会感染更多人，带来更多的顾客；三是要探求本质、考虑长远，做事情不急功近利；四是不要相信物美价廉，不以牺牲品质为代价去拼价格。

这种态度，恰恰是当前品牌农业乃至中国企业所缺失的。

从现实中接触到的企业来看，虽然大多数企业说要做品牌，但真正关心的是销量，因为在他们的眼里，品牌除了具有法律意义的商标外，几乎再无其他价值。真正用心做品牌的企业少之又少，对品牌的态度已经成为一种非常稀缺的品质。

三鹿曾经是一个品牌，这一点在三鹿倒下之前从来没有人怀疑，三鹿却是一个没有品牌态度的企业，否则就不会长时间对三聚氰胺的问题视而不见，而是让其慢慢发酵，最后成了自杀的毒药，所以三鹿倒下了。

三鹿的倒下，是人心所向，是企业道德底线缺失的必然结果。

俗话说：“人非圣贤，孰能无过。”企业在品牌的经营过程中，一定会出现这样或那样的问题，出现问题并不可怕，可怕的是企业不把问题当问题。可口可乐、肯德基、雀巢这样的大牌都曾经出现过质量问题，品牌汽车也会因为质量问题而被公开整批召回。但这些并没有影响消费者对品牌的信任，反而是增加了他们对品牌的信心，所以还会继续消费这些品牌。因为态度决定一切。企业对待消费者的态度决定着消费者对待企业的态度。

从表面上看，品牌态度的缺失与社会的浮躁有一定的关系。但是为什么海尔、格力、联想能够成为品牌？他们的产品就一定完美无瑕吗？当然不是，他们也是一步一步经营，才走到今天，在这个过程中也遇到过各种问题，关键是它们有对品牌的态度。

品牌的态度关键是人的态度，尤其是企业领导者的态度。

周文王曾经问姜太公："天下熙熙，一盈一虚，一治一乱，所以然者，何也？其君贤不肖不等乎？其天时变化自然乎？"

什么意思？就是周文王问："太公，你看天下不断变化，一会这个当皇帝，一会那个坐天下，一会乱了，一会又安定了，是什么原因呢？是因为君王的德行不一样，还是这本来就是自然发展的规律呢？"太公回答："君不肖，则国危而民乱；君贤圣，则国安而民治。"

福祸在君，不在天时。治国是这样，做品牌也是这样。仅仅为了赢得市场竞争、应付消费者或客户，是做不成品牌的，关键是要有品牌态度，去理解品牌背后的逻辑，抓住品牌的本质。

一个有品牌态度的企业，除了收获品牌结果外，还有更多无形的优势。

第一，在与其他企业建立合作伙伴关系上，因为企业的态度，合作伙伴会更加珍视与企业的合作，认真对待与企业的合作，这会使企业形成无形的竞争优势。

第二，因为企业的态度，将会吸引到更多有专业背景的人才，他们愿意跟着企业一起闯天下、拼未来，有理想的人看中的不仅是眼前的利益，还有未来的发展空间。

所以，态度决定一切。

一个品牌的成功，靠的不是技巧和表面的热闹，而是做品牌的初心。当我们觉得自己时运不济的时候；当我们怨天尤人的时候；当我们对成功者羡慕嫉妒恨的时候，企业老板们一定要扪心自问：自己到底有没有品牌的态度？这才是企业品牌建设成败的决定性因素。

第二节 认识品牌的价值

“品牌”是一个舶来词，英文是“brand”，它来源于古挪威语，意思是“烙印”，最初是人们标记在牲口身上，用来区分主人的一种标识。随着商业的发展、社会的进步，慢慢演变成了今天的品牌概念。

区分企业和产品，是品牌最初的功能，也是一项基本功能。

什么是品牌？品牌就是给拥有者带来溢价、产生增值的一种无形资产，它的载体就是用以和其他竞争者的产品或服务相区分的名称、术语、象征、记号或者设计及其组合。但是，增值的源泉，就来自消费者心智中形成的关于这个品牌载体的总体印象，名称和LOGO只是品牌的载体。

做品牌是为了销售，但是做好产品，在渠道上进行促销也可以实现销售，是不是意味着品牌只要具备商标识别的职能就够了呢？企业为什么非要绕到品牌上，用品牌去实现销售呢？在和企业交流的过程中，也总会有人提到这样的问题，例如，产品操作空间不够，渠道上必须投入，否则连铺货都实现不了，但是竞争很激烈，进了终端也不动销，怎么办？

这就是现实的问题，对此，正知正行这样理解：就当前的市场环境而言，靠做好产品、投放广告，或者做渠道就能快速提升销量的时代已经一去不复返了，市场竞争已经从要素竞争时代进入到了以品牌为核心的系统营销时代。企业大可不必迷信当初娃哈哈是怎么成功的、蒙牛是怎么成功的，时移势易，应另当别论，在当前的条件下，正知正行认为企业应该做好以下两点。

第一，动销是一个系统工程，不是说产品铺到了终端，给足了渠道利润就能解决动销。此外，企业更应该从品牌入手与消费者进行沟通，实现消费需求与品牌价值的对应，让消费者容易对号入座、认牌选择。

第二，从投入价值上考量。尽管渠道上的投入时效性很强，有投入就有收获，能快速增加销量，但是这种效益往往是短期的，解决不了动销问题，就没有持续性。在品牌上的投入，虽然见效慢，但是只要能影响消费者，就会持续有效，从这个角度看，在品牌传播和推广上的投入也许是更有价值的选择。

所以，企业应该高度重视塑造品牌价值，要想跳出拼质、拼价、拼关系的竞争，就必须把竞争上升到品牌的高度。

一、品牌可以持续为企业创造价值

企业经营是为了创造利润，利润与销售额成正比，销售额由商品的单价和销量决定。对消费者来讲，品牌满足需求，对企业来讲，品牌带来利润和资产增值。品牌对于企业的价值就体现在“为产品提供溢价”和“推动销售规模”，当然从企业经营上看，品牌也是一项重要的无形资产，做品牌就是在做无形资产的积累。

（一）品牌带来的溢价

以运动鞋企业为例，同样的产品如果印上耐克的标志，售价几千元，消费者一样会趋之若鹜，但如果是那些不知名的品牌标识，几百元也很难卖出去。在奢侈品行业更是如此，比如路易威登、爱马仕、香奈儿、古奇等品牌，虽然大多数在国内生产，成本很低售价却很高，即使是网上的仿冒品，价格也是同类产品的几倍，同样有人追捧。究其原因，他们购买的是品牌的价值，而不单是产品本身。这就是品牌带来的溢价。

（二）品牌对销售规模的推动

品牌首先代表着企业对消费者的品质承诺，因为它有识别性，就能够带给消费者信任，有利于形成重复的消费行为，获得更多消费者的认同，这些最终体现的就是销售规模的扩大。

这样，有了溢价、有了规模，企业就有了利润。

二、品牌可以有效解决同质化竞争的问题

市场竞争需要差异化，但竞争却常常导致同质化。商家会把注意力集中在消费者关注的某几个特征上，围绕某几项特征进行方案优化，试图提出更好的解决办法。以手机市场为例，消费者关注摄像头像素、内存、屏幕大小、外观设计等几个方面，所以无论是外观还是性能，除了操作系统不同外，所有的产品正在变得越来越像苹果，三星也不例外。在这种情况下，如果没有品牌价值的存在，市场就会变成纯粹的价格竞争，而这是任何企业都不愿看到的。

农产品也正陷入同质化竞争的困境，虽然在贴上品牌标签、加上华丽的包装后，在价格上拉开档次，但是虚高的价值部分早晚会被竞争吞噬，最后演变成残酷的价格竞争。如果企业拥有了品牌，就不用再为此担忧，苹果从来不怕被模仿，因为竞争对手模仿得再好，价值也不如苹果，价格也会低于苹果，这就是品牌的力量。

此外，我们还必须看到互联网对品牌的影响。互联网本身是一种信息传播工具，它解决了信息不对称的问题。过去企业可以利用信息的不对称，利用价格优势，使用促销手段获取顾客的青睐，赢得市场竞争，获得更高的利润。但是，互联网时代改变了信息传播的方式，加速了传播速度，这种机会已经没有了，一切变得更加透明，这也是营销领域不断深陷价格战主要原因。

与此同时，消费者获取品牌信息的方式发生了深刻的变化。过去，靠体验、靠口碑、靠媒体等进行传播，现在的互联网时代——靠搜索，一个关键词就可以知道一类品牌的全部信息，并且所有信息同时出现。最后还是靠价格、靠网评赢得顾客的信任，如果企业能赢得消费者的品

牌搜索，则可以直接过滤掉很多品牌信息的干扰，更容易让消费者产生购买心理，最终选择品牌。

所以，品牌也是凝聚顾客的一种手段，建立品牌是当务之急。

三、品牌的意义更在于它提供的精神价值，可以带给消费者超出产品本身的满足，进而培养品牌的忠诚度

至今我依然记得中学课本里对社会主义初级阶段主要矛盾的定义，即人民日益增长的物质和文化需求与落后的社会生产力之间的矛盾，这是改革开放以来努力解决的关键问题。

时至今日，物质财富已极大丰富，温饱问题已基本解决，接下来该解决什么问题？是不断满足日益增长的精神和文化需求，这是娱乐产业蓬勃发展、电影票房日渐攀升的原因。品牌具备满足精神需求的价值，它实现消费者购买行为从“我需要”到“我喜欢”的转变，这是社会发展的必然趋势。

品牌不仅能为消费者提供产品的功能价值需求，更重要的是为消费者提供产品之外的精神价值需求，为消费者带来心理上的满足和精神上的愉悦，这是建立品牌的目的，也是培养品牌忠诚度的内容。

品牌的精神价值，包括品牌的符号意义和情感价值。每一个成功的品牌都有其鲜明的个性和独特的精神价值，例如，宝马汽车，是成功人士的身份标签；苹果手机，代表创新精神和极致追求；百事可乐，传递年轻活力和时尚潮流等。

例如，众所周知，褚橙没有成为品牌之前，必须要与同类产品比价格、拼卖相，销量还很不理想。但是，形成品牌之后，不但价格远远高出竞争对手，而且销量也一路领先，供不应求。消费者购买的真是那个橙子吗？在乎的是橙子好吃或是价格的高低吗？根本不是，消费者真正购买的是品牌的精神价值，追求品牌带来的心理满足，消费者对于品牌的偏好，早已超出了产品的本身。

所以说，品牌是人类伟大的创举，是商业社会的伟大发明，它不仅能够满足人们对物质的需求和精神的欲望，而且还能持续地创造财富。

谈到这里，一定有人会有疑虑，如果严格按照上述的品牌观点和逻辑来操作，是不是就一定能打造出伟大的品牌呢?

这是一个好问题，但不容易回答。品牌的成功建立需要企业的前期规划、产品力支撑、品牌传播推广和渠道建设及执行等，各方面都要有相应的能力作为保障，它考验企业的整体实力和能力，所有不确定性的结果都有可能发生，所以无法做准确肯定的预判。如同上文提到，做品牌就像是养孩子，做品牌也可以借鉴以下两种养孩子的方法。

第一，大多数农村家庭采用的“散养模式”，在这种模式下，孩子的学业基本上是靠学校督促和自觉完成，没有课外之后的兴趣班、辅导班，在学校学成什么样就是什么样，至于其他方面的发展也只能靠机缘。在“散养模式”下，会有人成才，但是成才概率较低，综合素质普遍较差是必然的结果。

第二，大多数城市家庭采用的“豢养模式”，在这种模式下，孩子从上幼儿园开始，就已经制订了学习计划，有了明确的目标和方向，参加辅导班、兴趣班，学习上有人时刻督促。在“豢养模式”下，只要孩子智商没问题，结果都不会太差，所以成才概率会大大提高，综合素质也会更高。

“散养模式”就像“围绕着销量做销量”，“豢养模式”就像“围绕着品牌做销量”，尽管目标相同，但方式不同，得到的结果也不相同，两种模式孰优孰劣已见分晓。

对大多数中小企业来讲，品牌就像是梦想，带着梦想出发总是好的，万一实现了呢? 六个核桃就是带着品牌梦想出发而获得成功的典范。

品牌农业，就是要从品牌出发，规划价值、拟定策略，系统解决渠道和团队建设的问题，以实现最终的销量增加，并且成就品牌。

案例五　邻大妈的社区生态打造

2015 年的秋天如期而至，几场劲风之后，黄叶片片飘落，没有树叶装点的枝干显得有些萧瑟，但窗外的视线却更加通透，午后的阳光依旧暖洋洋地照着，透过稀疏的枝条，楼下社区内一个醒目的招牌映入我的眼帘——邻大妈。店面门口陈列着琳琅满目的货物，工作人员进进出出，我想这应该是一间新开的社区便利店，但是绝不是某个人随便开的一家店。

醒目的招牌、通俗的名字、备具亲和力的大妈形象如图 6－1 所示，这是我对邻大妈整体设计的第一印象。出于职业习惯，我也开始正式关注邻大妈。2016 年的春节，因为假期期间亲友之间来回走动，我看到了更多的“邻大妈”，当时心里就在想：这家企业扩张得真好。

图 6－1　邻大妈店面

社区是构成一个城市的基本单元，但是很多社区都没有完善的商业配套设施，包括高档社区。好的生活品质应该是舒适、便捷，如果为了一瓶酱油，都得开车去超市或者到社区外的临街店铺去买，这种设计不符合实际需求。所以，作为一种终端渠道业态，社区便利店正在受到越来越多的重视，相关数据也显示：在过去几年中，社区零售一直保持明显高于零售行业平均数的速度增长，这是大家普遍重视社区便利店的根本动力。

为了抓住发展社区商业的机会，沃尔玛、淘宝、京东、1 号店等都以自己的方式向社区拓展，也有国字头的企业，例如，中国邮政，也曾经大张旗鼓地做过社区便利店，但没有明显的成效。在区域范围内做得比较好的有江苏的苏果便利店、石家庄的国大 36524、邯郸的美食林等。

在农业领域，很多企业出于产品特性的要求，考虑 KA 等现代渠道的运作难度，为了快速做好品牌、提升销量，把发展社区品牌店当成一项经营战略或品牌落地模式。卖水果的、蔬菜的、猪肉的都在抓住机会做社区网点布局规划，它们要么是以自营的形式，要么是以加盟的形式运作。但是社区品牌店开了关关了开的现象很普遍，究其原因是缺少独特的盈利模式，单店盈利不足以维持店面的生存。

要想做好社区便利店，需要对社区商业有更深的理解。从外围来看，每家便利店除了主营产品的差别外，经营形式都大同小异，相互比拼的也不外乎是服务、品质、价格和便利几个关键要素，但是因为视野不同、产品不同、选址不同、经营模式不同，每个企业和品牌的营业收入和盈利也不同。企业要真正理清社区便利店的经营模式，更需要经营者从内到外和从外到内进行双向审视。

一、邻大妈为什么要存在

邻大妈从 2014 年 7 月份开始立项筹备，到 2014 年 9 月第一家店正式开业运营，再到 2015 年年底在石家庄地区正式运营 34 家的店面，短短一年，运营到了如此巨大的规模。邻大妈在实体店开业之前，组织专业的调研团队对石家庄100多个1000户以上的小区和300多个500户以上的小区进行了全面调研，可以说，从一开始这就是一场有准备的战役。

邻大妈的创始人任继东曾经是国内某上市保险公司的高管，同时也经历多次创业。在谈到为什么要做邻大妈时，任继东表示，对个人来讲，创业是关乎一生的事情，任何创业行为都不是盲动的尝试，必须要基于对未来的预估和趋势的判断，以及对市场形势的深入认识。邻大妈是社区服务平台，绝不是简单的便利店，邻大妈要逐步成为社区养老服务商，为此他们考察了日本和中国台湾地区的养老产业，预测到未来的中国情况。第一，中国人口老龄化正在加快，越来越多的老人产生了不出社区就能解决大部分生活的物质需求，那时候社区就需要有更完善的配套设施和服务来满足未来老龄化社区的物质需求，邻大妈通过便利店服务功能组合来解决这一问题。第二，21世纪商业竞争的核心是资本，任何投资都需要在实践中发酵，邻大妈不是快速盈利的项目，也不是轻易放弃的商业模式。另外，所谓的互联网技术仅仅是一种工具，邻大妈要打造的是基于社区服务平台终端的服务，在这种模式下，邻大妈要立足于现实经营和未来发展的需要，逐渐形成并建立自己的运营特色。

二、邻大妈要如何存在

在谈到企业定位时，任总特别强调："邻大妈的商业逻辑是基于关系的交易，而不是基于交易的关系。"按照我的理解，他的目的就是要把邻大妈打造成社区生态的一部分。那么邻大妈是如何在实际经营中去践行这种理念，实现这一目标的呢?

（一）从品牌命名到店员配置

中国有句俗话："远亲不如近邻"，"邻"其实是从地理到心理的亲近，乡里乡亲之间不仅是一种低头不见抬头见的关系，还包含着内心的信任、行为的亲密，这是"邻大妈"品牌名称的由来。任继东说："我们就是要构筑一种‘邻大妈’和社区居民之间的邻里关系。”

为了构建品牌和社区居民的邻里关系，尽管在社区周边的临街店也很便利，还能引来更大的客流，但是，邻大妈坚持只在社区内开店，而且每个社区店的店员都是本社区居民，这样才更容易构建亲密的关系，形成彼此之间的信任。如果你某天有空到邻大妈的店里转转，你会见到社区里的大妈坐下来和店员聊天的场景。

（二）从邻里互动到商品推广

为了构建这种邻里关系，邻大妈坚持每周做一场亲子互动活动，互动活动不以商品推荐和销售为目的，只是为社区居民提供一个交流的场地和机会。

此外，某些经营活动与社区居民互动也非常频繁，比如，新店开业时推出的“每户两斤鸡蛋”“蛋白吃”等互动活动，居民非常喜欢。另外，与翼支付联合推出“支付返现”活动；自发组织“社区米面粮油节”活动；“社区火锅节”活动；与啤酒供应商联合举办“速饮争霸赛”等。通过这些互动和推广，构建了相亲相爱的邻里关系，增加进店人数，提高了消费者的进店频率。

（三）从产品供应到服务体系

在产品经营上，邻大妈正在努力打造独具特色的经营模式，但特色的形成不是一蹴而就的，需要企业不断整合更多的资源。为了更好地满足社区居民需求，邻大妈经营的产品涵盖了食品、饮料、生鲜等几大类，米面粮油是当前的主销产品。

为了做好产品供应，邻大妈把眼光投向农业领域。首先，邻大妈正在考虑与农业生产基地进行对接，包括如何实现自己的标准化采购、定制化生产、建立高效的农产品供应体系等，为社区居民提供质优价廉的生活必需品，是邻大妈未来更长久的打算，其中水果、蔬菜、肉、蛋等生鲜类是重中之重。

要打造完整的经营模式，一端是供应链的打造，另一端则是服务链的完善。2015 年年初，邻大妈推动“小门店，大连锁，O2O 一体化”

新模式，实现门店、配送、总部的统一管理，将社区实体嫁接到线上平台，让在线购物实现体验式消费。这种多渠道零售O2O一体化解决方案，有效地整合了线上多渠道业务，将不同渠道的商品、会员、订单、配送和服务进行了统一管理，实现大总部、大后台、大数据统一管理，有效地实现管理一体化、会员一体化、支付一体化、物流一体化、经营一体化，最终将邻大妈“线上下单，线下取货”的理念真正落地。

三、邻大妈的现实思考

商业活动的本质是人与人之间的关系，在这种关系的构建中，商品、服务、渠道都只是工具和手段，要实现这些工具和手段的价值，背后则是利他之心。在邻大妈的现实经营中，渠道已经铺就，服务正在完善，真正要努力做的还是产品，如何从社区居民的现实需求出发，提供他们最需要的、品质最好的产品是邻大妈急需努力的方向和目标。尽管在当前的市场环境下，企业可以通过打造一种模式，然后在资本市场实现盈利，但是邻大妈仍然将自身的造血功能看作立足的根本，实现盈利仍是企业追求的目标。

所以，对于下一步的发展，邻大妈是这样规划的：邻大妈要做的是一次长途旅行，不急于扩张规模，现在是中途喘息的时间，需要进一步理清思路，完善经营模式，积蓄更多能量，为下一阶段的冲刺做好充分的准备。

也许在社区店的经营中，邻大妈还谈不上成功，也不是最优秀的，但是对邻大妈解析却有很重要的现实意义。比如，对于未来趋势的把握、对商业本质的认识和理解等，很多企业之所以在现实经营中陷入困境，就是因为只看到现象，抓不住本质，只关注眼前，不关注未来，带着这种观念和思路就永远走不出现实的困境。

第七章

品牌的顶层设计

2015 年秋，我和小玥到南京参加季糖酒会举办的相关活动。

逛展会很累人，有过类似经历的人都深有体会，而且在参加展会之余，我们还抽时间到夫子庙、总统府、秦淮河等景点游玩。所以，两天之后，小明已经累到撑不住了。但是，第三天是活动开幕式，再累也要去主会场。

小明早晨起床就很艰难，为了拖延出门的时间，保持着蜗牛的速度，一双袜子就穿了三遍：第一遍穿上后脱了，说要换一双干净的，于是翻箱倒柜的又找出了一双，还好他只有两双。第二双是干净的，结果穿上后小明又脱了，一边脱一边还念念有词："这是左脚的，穿反了。"于是换换脚，穿第三遍。

15 分钟之后，我们终于走出了宾馆。

我对小明说："小明，看来连裤袜真是一项伟大的发明，能够大大节省穿衣时间，要是有男士连裤袜就好了。"

小明回答道："就是，省得我左右不分。"

穿袜子，穿反了，脱下来，换了再穿，浪费的只是时间。但是，如果产品包装不断地更新替换，卖完一批换一批，浪费的就不仅仅是时间和精力。很多企业，尤其是中小企业都有不断更换包装的习惯，产品销量下降，换换包装吧；有了新想法，换换包装吧；听了些建议，换换包装吧；研究竞争对手，换换包装吧；请专家指导，再换换包装吧……周期长的是一年换一次，周期短的是生产一批产品换一次，不是大改就是小动，且美其名曰"精进"，很多时候更换的不仅是包装，品牌 LOGO 的设计、广告语、主宣传画面也随意变更。

这种现象在农业领域很常见。品牌是企业长期经营积累的结果，而产品则是品牌的核心载体，不断地推倒重来，消费者如何才能形成对品牌认知的积累呢？

为什么会出现这种情况？因为换包装操作起来简单，容易实现企业的想法，却是品牌建设的大忌。

在企业经营中，更换包装很常见。例如，可口可乐也会随着时代的变化，对包装进行适当的调整和改进，与时俱进地跟上时代的步伐和社会的发展。但是，如果欠缺对品牌价值积累考虑，没有标准、没有方向地频繁更换，就是大忌，其后反映的则是企业品牌顶层设计的缺失。

品牌的顶层设计，包括产品结构的梳理、品牌模式的设计、品牌价值的规划等内容。

第一节　理清产品结构

产品是做农业的起点，无论是一款成型的产品还是概念性的产品。以产品为出发点，企业需要思考全产业链如何布局，规划具体环节如何实施，在完成全产业链布局之后，企业还需要逆向思考，从全产业链的每个具体环节理出不同的产品，形成产品群概念。

观察品牌农业的全产业链运营，任何一个环节都有可能实现产品化，变成消费者兴趣点，成为实现企业价值的转折点，其中既包括实物型的原始农产品、初加工和深加工的农产品，也包括以体验为目的的旅游、采摘、休闲观光等。

对品牌农业来讲，产业链无论多长都不可怕，可怕的是没有产品细化和运作规划，多么庞大的产品群也不可怕，可怕的是没有统领全局的战略单品。所以，农业企业要实现品牌化经营，实现产业链经营的价值最大化，首先要理清产品结构，关键是选出战略单品。

兼顾企业的长期发展及短期效益，一方面，企业要努力打造战略单品，打造消费者的兴趣点，及时抓住企业运作转折点，实现企业价值。另一方面，还要通过产品的结构化，释放品牌的价值，实现企业价值的最大化。

一、选择战略单品

品牌，就是先“品”后“牌”。消费者对“品”的认识是形成品牌认知的基础，消费者会首先认识企业的某支产品，一般是销量最大的产品，而不是产品群，初步形成了品牌认识，正知正行称之为“明星产品”。新品牌的运营更应该如此，用一支单品树起品牌，通过品牌效应，带动更多的单品销售，是做品牌的最佳策略。

伟大的企业之所以伟大，就在于它拥有一支或几支明星产品，更容易让企业获得成功，也使它们成为行业乃至营销界的明星企业。不同时期的明星产品支撑企业的品牌建设，让企业不断成长壮大，在这个过程中，品牌也在与时俱进，消费者对品牌的主流认知由此而来。

加多宝靠一支红罐不仅实现了年超过 200 亿元的销售额，还成就了凉茶品类；红牛靠一支单品实现了年过百亿的销售额，成就了功能饮料品类；娃哈哈不仅拥有矿泉水、爽歪歪等多支明星产品，靠一支营养快线单品就能够实现 150 亿元的年销售额；脉动每年也为达能带来 20 亿元（10 亿升）的销售额；苹果公司更是靠一款 iPhone 手机，更是坐上了手机行业的首席宝座等。此外，还有蒙牛的特仑苏、旺旺的旺仔牛奶、康师傅的红烧牛肉面和冰红茶、养元的六个核桃等，我们统一称为明星产品。

所有企业都渴望拥有明星产品，因为企业的成功都离不开它。

明星不是天生的，成就明星产品需要企业精心谋划，例如，要找准市场、定位需求，要做出产品的价值，从战略上给予高度重视。在这个阶段的产品设计和选择，我们称之为战略产品，这是明星产品的起点，当战略产品占据一定的市场份额；形成一定的市场规模；具有一定的行业影响力之后，就变成明星产品。

明星产品的形成及具有的影响力，不是靠多做产品，不是靠运气，也不是靠资源堆砌，娃哈哈的啤儿茶爽和格瓦斯就是按照这种思路做品牌，最后都失败了，这是最典型的案例。

企业要想成就明星产品，首先要从企业内部选出战略单品，再集中资源和力量持续打造，最终才能成就明星产品。对农业企业来说，战略单品的选择是一个难题，尤其在面临多产品经营的时候，它们往往觉得自己做的产品都好，哪个产品都有好前景，都不想放弃，哪个产品都想做好。所以，最后也就失去了做明星产品的方向，导致所有产品的市场表现都很平庸，支撑不了品牌的树立，也达不到战略单品统领产品群的规划目的。

在现实经营中，越小的企业尝试的越多，但是，产品开发和运作的战略性差，成就明星产品的概率也就越低。另外，企业产品销量越小，开发的种类越多，成就明星产品的概率也越低。

要选择品牌突围的战略单品，不仅是企业认为好的产品，还要纵观市场发展趋势，通过市场调查和研究，最后确定入选产品。正知正行认为，一支有潜力的战略单品应该具备以下五个条件。

第一，产品要实现标准化，标准化意味着稳定的产品品质，只有稳定的品质才能带来稳定的销量，形成消费者对品牌认知的积累。

第二，产品要具备明显的差异化，或者是能够通过营销手段塑造差异化，而且这种差异化投放到市场上要具备竞争优势。

第三，产品要体现价值的创新，产品价值的创新可以体现在产品利益层面上，也可以体现在消费者需求层面上。比如，王老吉的“怕上火喝王老吉”就是从消费者需求层面进行的价值创新，营养快线的“没有吃早餐，来一瓶营养快线”则是从消费者认知层面对品牌价值进行的重塑。

第四，要充分考虑市场需求的潜力。销量的领先优势是成就明星产品的重要指标之一，一定要优选那些具有足够市场需求开发空间的战略产品，或者是选择具备显性市场需求和潜在市场需求的产品。

第五，立足于企业的核心能力，战略产品要能够体现企业的核心能力，这是维系产品竞争力的关键。同时立足于企业的产品群，大多数战略产品也应该是企业销售量最大的产品。

就目前来讲，以体验为目的的旅游、采摘、休闲观光等虚拟型产品，大多数难以独立维持企业的生存和发展，也难以提升销量，所以更多是作为一种消费者入口的手段而存在，企业的盈利重点还是实物型产品。

二、定义产品营销职能

企业选定战略单品之后，就需要谋划产品组合，产品组合要考虑渠道价值的共享和最大程度地满足消费者的需求。

产品结构化是谋划产品组合的一种方式和选择，但是，这种方式更多是从价值生产的角度出发。对企业来讲，成功不是靠生产价值，而是靠实现价值，如何实现价值是定义每款产品营销职能的出发点和落脚点，主要围绕品牌的建立和增加销量两个目标展开。这时候谋划产品组合就是为了在营销上排兵布阵，既然是排兵布阵，就得有职能分工，正知正行称之为产品的营销职能定位。

例如，在白酒营销中，企业有形象产品，有战略性产品，也有竞争性产品。战略性产品是企业集中资源和力量重点培育和运作的产品，目标是打造成企业的明星产品，贡献主要利润、销量并形成品牌的影响力。竞争性产品则主要是提升品牌的市场占有率，促进渠道网点建设，在关键时刻与主要竞品一争高下，这就是一种营销职能的定位。

在互联网营销中，首先考虑“引流”，自然也就需要有一款“引流型”的产品，这也是一种营销职能定位。

如何定义产品的营销职能？这需要根据企业的产品结构，结合实际的市场竞争进行双向考虑，包括市场竞争、提升品牌影响力和提升利润三个维度，不同的营销职能定位在市场运作中所采取的策略也不同。

第二节　确立品牌模式

品牌模式不同于品牌战略，它指的是企业在营销过程中品牌的结构模式，结合企业的产品结构和战略布局，目的是理清企业的品牌重点，建立消费者对品牌和产品的清晰认知。

在消费品领域，通常有三种品牌模式。

一、单一品牌模式

康师傅、统一等品牌都采用这种模式，它们所有的产品都由同一个品牌统领，产品采用“品牌 + 品名”的识别模式，例如，康师傅冰红茶、康师傅红烧牛肉面、康师傅苏打夹心、统一绿茶、统一鲜橙多等。

二、复合品牌模式

单一品牌模式是很多企业经营初期采用的模式，随着产品品类的不断增多，逐步转变为混合品牌模式。比如，蒙牛最初用“蒙牛”一个品牌推出的常温奶、优酸乳、未来星、真果粒等，后来又推出了独立的特仑苏、焕轻、冠益乳等品牌，就形成了复合品牌模式。

采用复合品牌模式，初期为了推动新品牌的成长，企业会采用品牌背书的方式，用成熟品牌或企业品牌托起新品牌，随着新品牌的成长再慢慢地弱化背书品牌，除非新产品与原有产品具有明显的区分，企业才会单独启用新品牌，不再使用成熟的品牌做背书。比如，在宝洁公司就有洗发水（潘婷、飘柔、海飞丝）、卫生巾（护舒宝）、牙膏（佳洁士）都用宝洁的品牌背书，但是高端洗护用品 S - KII、沙宣和食品类产品客薯片则使用了独立的品牌，没有用宝洁做背书。

三、多品牌模式

为了满足产品推广和市场竞争的需求，企业也会启用多个独立的品牌占领不同的细分市场，在消费者识别上各品牌之间几乎没有任何关联，这就是多品牌模式。

益海嘉里公司采用这一品牌模式最为成功。金龙鱼、胡姬花、元宝、口福、香满园虽然都是它的品牌，但分别定位于不同的细分品类和档次，只有少数消费者知道它们属于一个企业。

企业选择何种品牌模式，取决于产品结构和品牌延伸方向，也取决于企业推新品牌的能力，如果能力不济，就要更多考虑从成熟品牌借力，采用单一品牌或复合品牌模式。

对多产品经营的品牌农业来讲，要重视品牌的结构模式，因为品牌模式决定着品牌的命名策略和产品布局策略，品牌的命名又决定着品牌的品类延伸空间。在品类化品牌名称大行其道的今天，如果企业在战略产品上启用了毫无延伸空间的品类化品牌，则是品牌资源的最大浪费，比如，“××核桃”“××椰”“××枣”“××橙”等。

企业选择采用单纯品类化品牌运作一支单品，也是可行的，但是如果想在将来用这一品牌带动更多的单品销售则不可行。因为战略产品就不适合采用品类化的品牌名称，无论品牌影响力有多大，最终品牌的产品延伸空间都很有限，无法实现品牌价值的最大化。

所以，品牌模式要设计好，品牌命名要有战略高度。

在为印耕农业做品牌策略时，我们就充分考虑了这一点。因为公司采用多品类产品经营加社区店面经营的模式，所以从品牌模式上，我们把“印耕”定位于企业和店面品牌，同时作为产品品牌的背书。在此基础上根据产品的开发需要，单独开发不同品类的分品牌，用“十八磨坊”作为杂粮类产品品牌；用“神头村”作为笨鸡蛋、土鸡和土猪肉的品牌；用“非五常”作为大米品牌，以此体现出不同品牌的价值和定位，突出产品的个性和卖点，就能帮助消费者建立清晰的产品和品牌认知，有效实现品牌价值。

第三节　定义品牌价值

品牌的作用不仅区分了产品和企业，更重要的是满足消费者的价值需求，定义品牌的价值就是进行品牌定位规划。

对“定位”一词，很多人都不陌生，生活中经常用到。但是在营销领域，“定位”使用的频率最高、应用范围也最广，任何营销工作都可以冠之以定位：产品需要定位、渠道需要定位、价格需要定位、市场需要定位、消费者需要定位等。如果随意定位，不做策划，最终品牌会偏离了重心，被定成了悬在空中的玩偶，无处立足也无所遁形。

为什么会出现这种情况？因为任何脱离品牌价值的定位都是无本之木。

一、品牌定位的本质

什么是品牌定位？

品牌定位致力于让品牌在消费者的心目中占据独特而有价值的位置，让品牌成为消费者心目中某品类或特性产品的代表，从而迅速影响到消费者的购买和选择行为。当消费者产生相关需求时，会直接想到并选购某品牌。

通常情况下，企业和设计公司对于品牌定位的理解会流于表面，它们认为品牌定位就是确定消费人群和产品价位（消费档次），即谁是品牌的目标顾客及他们是什么消费档次，再提炼一句品牌口号，然后根据目标人群和产品定位设计包装，判定档次，这样就完成了品牌的定位规划。

纵观农业行业，大多数企业的品牌定位都是按照这种逻辑完成的，做品牌最后成了做包装、拼颜值、做设计、拼广告，而恰恰忽略了品牌的灵魂。

这么做有错吗？如果单纯从销售产品的角度来讲也许没错，但是很难实现品牌价值的积累，如果企业对品牌定位的理解只停留在这个层面，也就很难真正赢得市场竞争，做成优秀的品牌。

简单地讲，品牌定位规划就是定义品牌的差异化价值，从本质上需要考虑以下两个问题。

第一，差异化。这是从竞争的角度考虑，即相对于主要竞争品牌来讲，品牌要为目标顾客提供什么样的差异化价值，才更容易脱颖而出，获得相对于主要对手的比较性竞争优势。

第二，价值。这是从目标消费者的角度考虑，即品牌要为消费者提供什么样的利益以及如何占领他们的心智资源，建立品牌差异化价值与消费者认知的联系。

企业品牌定位规划做好之后，才能进行产品定价、选择渠道、拟定营销策略等方面的布局，然后再通过持续的品牌传播和推广，实现品牌价值和占领市场，最后形成品牌竞争力。

二、提炼品牌的核心价值

品牌的核心价值为消费者提供明确、清晰的利益点与个性化的产品特征，它是驱使消费者认同、喜欢乃至爱上一个品牌的动力。实现品牌核心价值也是品牌追求的终极目标，是品牌营销传播活动的原点，即企业的一切价值活动都要围绕品牌核心价值展开，是对品牌核心价值的呈现与演绎，并不断地丰富和强化。

品牌核心价值是品牌的内在灵魂，这是实现品牌竞争力的关键，一旦确定后，就要至死不渝地坚持，让品牌的每一次营销活动、每一分广告费都为品牌积累加分，向消费者传递品牌的核心价值。虽然在不同的成长阶段，品牌的诉求会发生变化，但是要万变不离其“宗”。例如，红牛的品牌诉求，在市场导入和培育期是“困了累了喝红牛”，到市场成熟期则提升为“你的能量超乎你想象”，但核心没有改变。

通常来讲，品牌的核心价值可以是一种理性价值，即从产品的功能和利益的角度提炼，也可以是一种感性价值，即从品牌的情感、个性或象征意义的角度提炼。例如，褚橙的“励志”、苹果手机的“极致创新”、百事可乐的“年轻时尚”等，这就是它们的核心价值。

经过多年的品牌营销实践，正知正行发现，对于品类延伸空间，品牌的核心价值要立足于产品的功能和利益，但又不能局限于具体产品的功能和利益，即需要在此基础上进行升华，提升到情感、个性或象征意义层面。比如，红牛饮料，它的产品功能利益是“提神和解困”，品牌核心价值则将这一功能利益提升到“超越自我、突破自我”。印耕农业的产品利益是“原生品质、无污染”，品牌的核心价值则是“拒绝农残、激素和转基因”，品牌诉求的则是“找回儿时的味道”。

总之，感性价值也好、理性价值也罢，提炼出的品牌的核心价值应该具备以下几个特点。

第一，具备高度的差异化，这是品牌竞争力的关键。

第二，富有感染力，能够打动和说服消费者，引起消费者共鸣，让消费者因此偏爱某品牌。

第三，与企业的资源能力相匹配，体现出企业的独特能力并持续坚持下去。

第四，具备包容性，让品牌具有一定的延伸空间，以实现品牌价值的最大化。

说起品牌的核心价值，很多人可能会问，娃哈哈、燕京、盼盼、青岛啤酒等成功品牌，也没有明确的核心价值，不是一样赢得市场竞争，取得了成功吗?

它们成功是因为品牌的诞生时期不同。在过去30多年的市场经济中，中国的市场竞争已经完成从生产导向（产品竞争）到品牌营销（渠道和品牌竞争）导向的转变。在市场经济发展的初级阶段，根据当时的竞争需要，企业只要找对产品利益点，靠品牌知名度（广告）、靠渠道运作（终端竞争）也可以增加销量，获得成功。在这种情况下，它们后续的产品大多数靠推新品、渠道掌控力获得成功。

但是，尽管已经获得成功，很多品牌陷入品牌核心价值缺失的困境，品牌忠诚度低、不可避免地陷入终端促销和价格厮杀。随着市场竞争的不断升级，消费者越来越理性，单纯靠品牌知名度或渠道竞争，只会让企业陷入资源战或价格战，品牌价值才是真正能带来品牌忠诚、提升品牌溢价的核心。

三、塑造品牌的差异化价值

如何理解品牌的差异化价值？以今麦郎方便面为例进行分析，众所周知，一款“弹面”产品实现了今麦郎在中高端方便面市场上的崛起，请张卫健做品牌代言，广告词是“弹得好，弹得妙，弹得味道呱呱叫”，潜台词是在告诉消费者“产品味道更好，面更筋道”。

这一价值诉求无疑非常成功，它具备差异化，又能满足消费者价值需求，今麦郎靠这支产品打破了康师傅、统一在中高端方便面市场的垄断地位，从此有了自己的一席之地。

数年之后，今麦郎又如法炮制，推出了“直面”产品，为此还做了大量的广告传播和渠道推广，但是市场反响平平，现在这款产品基本从市场上销声匿迹了。为什么会出现这种现象？因为“直面”虽然具备差异化，但是对消费者来讲却没什么价值，所以市场反响平平。这就是品牌“差异化”和“价值”，两者缺一不可。

那么，企业应该如何发掘品牌的差异化价值呢？在实际操作中，通常可以从以下四个方面进行考虑。

（一）从产品本身发现并塑造差异化价值，这是品牌的核心

产品的内容包括：功能、特性、品质、工艺、结构、包装形式、产品设计、耐用性、第三方认证等。

例如，特仑苏的广告语："来自上天偏爱的北纬 40 度，富含 3.3 克优质蛋白，不是所有的牛奶都叫特仑苏"，就是从品质层面强调了品牌的差异化。哈药集团的补钙口服液，在广告中不断强调"蓝瓶的钙，好喝的钙"，就是要从包装上强调品牌的差异化，引导消费者对品牌的识别购买。印耕农业的非五常大米则是从产品的名称上强调差异化，设计醒目的海报，吸引消费者的注意力，如图 7－1 所示。

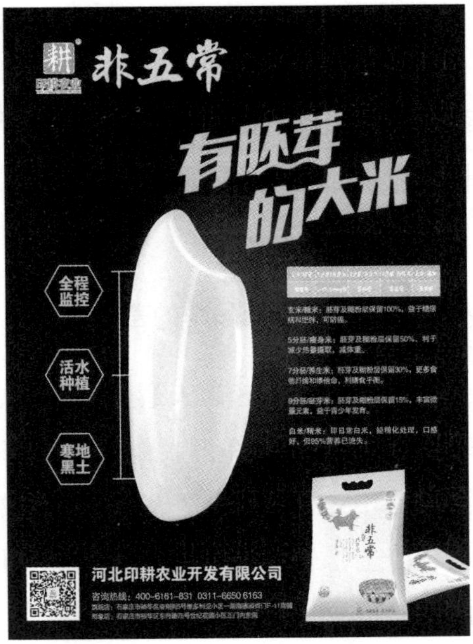

图 7－1　非五常海报

印耕农业的非五常大米，从产品上塑造的差异化价值，在品牌命名上，"非五常"就是竞争定位，采用这一品牌名称主要考虑两方面的因素。一是利用消费者对五常大米的成熟认知，用"五常"两个字从视觉和听觉上能够吸引注意力；二是"非五常"又可以调动消费者的好

奇心，通常大家会认为五常出好米，“非五常”是什么意思呢？现在五常米这么畅销，企业敢说自己不是五常米，一定有独到之处，这样，品牌关注度就提升了。

从品牌卖点上，我们提炼了三点：一是寒地黑土种植（好土壤），二是通肯河活水灌溉（好水质），三是365天全程监控（好管理），品牌slogan是“有胚芽的大米”，这样品牌就能够说服消费者。

（二）从服务层面考虑，塑造品牌的差异化价值

服务，可以看作产品的附属，也可以是独立的产品，具体包括：配送、安装、顾客培训、咨询服务、维修等。在电器行业，海尔率先提出了“真诚到永远”的品牌诉求，围绕着这一诉求，企业重点从售后服务上打造品牌差异化，无论是服务速度、服务质量，还是服务的专业性都做到了同行领先。海尔也因此获得了消费者的高度认可，很多人购买海尔的产品，就是因为看重它的服务质量。

这样就形成了企业的品牌竞争力。

（三）从关键人考虑，用人塑造品牌的差异化价值

人是塑造品牌差异化的关键，因为人最具亲和力、最容易被记住、最容易提升关注度，所以很多品牌都把人作为品牌符号进行营销。例如，王老吉、张小泉、王守义等，最后把人做成了招牌，人名也成了品牌。现代企业亦然，柳传志、马云、马化腾、雷军、任正非、董明珠也已经成为各自品牌的重要符号。

大家都认为海底捞赢得市场竞争是因为服务好，其实更准确是靠人，它用人打造出了品牌的差异化，消费者所接触到的每一个海底捞人所表现出的专业、热情、细心周到，才是品牌的差异化价值所在。

人，既包括企业的领导和员工，也包括为品牌代言的名人，人所呈现出来的个人形象、专业能力、工作态度、言谈举止、反应速度、职业敏感度、可信度等，都可以成为品牌的差异化价值。

需要强调的是，在互联网时代，用人物塑造品牌更具时效性，包括娱乐明星、社会名人、企业领导，甚至是模特或者具有独特个性的非知名人士等，这样可以快速实现品牌的人格化，进而让消费者记住并爱上品牌。

在品牌农业运作中，褚橙利用企业创始人褚时健塑造了品牌差异化价值。另外，柳传志的猕猴桃、潘石屹的苹果、任志强的小米都是采用的这种方式。

（四）从形象考虑，塑造品牌的差异化价值

品牌形象识别的内容包括：品牌 logo、符号或人物、传播媒体、品牌环境等。例如，麦当劳的“M”标志、葵花药业的“葵花宝宝”，都是品牌的形象符号。还有些品牌只选择在大型卖场或核心商业区进行终端销售，目的就是要通过某类渠道，建立消费者对品牌的独特印象，也是在做品牌形象的差异化，优衣库、ZARA 也采用这一发展模式，它们靠产品和品牌形象取胜。在农业品牌领域，近心农业就是靠它的 LOGO 塑造品牌的差异化，如图 7-2 所示。

图 7-2　近心农业

近心农业是一家绿色蔬菜种植公司，主要通过家庭会员宅配和自建社区蔬菜店进行产品销售。为了提升品牌的亲和力，传递品牌的差异化价值，我们为近心农业设计了近心大姐的形象，作为品牌识别的一部分。

第四节　好名称与好包装

文字和语言在传播中产生歧义是常有的事情，品牌命名就必须考虑这一点。歧义的影响如果是积极的，也可以接受，比如，四大美莓，在品牌命名上可以为产品加分。但是如果歧义带来的影响是负面的，就得重新考虑，能让消费者对产品产生抵触心理。

一、什么是好名字

名称和 LOGO 是品牌的载体，所有消费者对于产品和企业的认知最终都将归结于品牌名称和 LOGO，尤其是品牌名称。

差异化，是品牌要解决的关键竞争问题之一，随着市场上新产品越来越多，品类不断细分，品类界限日渐模糊，产品同质化也日益严重，这时候品牌名称的差异化就显得尤为重要。一项数据表明，消费者对品牌印象的形成 50% 来自于品牌的名称，所以才有“好的品牌名称等于成功了一半”的说法。

在品牌命名上，品牌农业正出现什么样的情况呢？因为过度强调品牌名称所承载的信息内容，企业都想走一条节省品牌传播和品类教育的捷径，越来越热衷于启用一种品类化的品牌名称，这将导致品牌的差异化被抹杀、品牌的产品延展性也大大降低。

通过对品牌名称进行研究，从区分性、信息性和延展性三个维度考虑，正知正行将品牌名称分成了三类。

第一类，商标化品牌。这类品牌名称具有很强的区分度，延展空间也很大，品牌名称中多包含着某类特定的关联信息。大多数是直接以人名、地名、动植物名或某类事物名称命名的品牌，例如，燕京、青岛、茅台、王老吉、王致和、玉兰、红梅、铁狮子、稻香村、红牛等最具代表性。

第二类，行业化品牌。这类品牌名称的区分度要弱于商标化品牌，有的名称包含一定的信息，有的则无实际意义，它不局限某类产品，从气质上比较符合某个行业，因此在某一行业或领域具有很大的延展性，比如，露露、今麦郎、统一、印耕、佳沃等。

第三类，品类化品牌。这类品牌名称是近几年在消费品领域经常被使用的，尤其在品牌农业领域，其中包含了一定的产品信息，有的重新组词，有的改用现有的名词或典故，代表性品牌有：六个核桃、四大美莓、小饭围等，这类品牌包含的信息虽然比较丰富，但它们的共同特征则是区分度小、品类延伸空间小。

在实际经营中，品类化的品牌经常会面临这样两个尴尬的局面：第一，消费者在认知上容易混淆，企业要么靠品牌代言人来建立差异化识别，要么在广告中不断强化品牌名称记忆；第二，在品类延伸空间上，康师傅、今麦郎、娃哈哈等品牌可以顺利从方便面跨到饮品行业，甚至是整个食品行业，但是品类化品牌就不行，无法实现品牌价值的最大化。

如果单纯谈名称，这三类品牌名称无所谓好坏。但是从品牌经营战略上进行考虑，这三类品牌名称就有优劣之分，关键是企业要用品牌承载什么内容。

品牌农业要慎用品类化品牌，主要从品牌战略层面上进行考虑，如果坚持要用，最佳的做法是同时启用一个区分度强的企业品牌做背书。就像宝洁之于飘柔和海飞丝，未来对于产品线的延伸则主要靠背书品牌来完成。

如果不考虑用品牌背书的模式，想用单一品牌名称作为战略品牌来打造，在命名品牌名称时，重点从三个方面进行考虑：一是品牌名称有明显的区分度，即差异化识别，通常为了防止品牌被模仿，还需要注册几个类似的易于混淆的品牌进行品牌保护；二是品牌名称要上口易记，能够让消费者看到之后，就能快速记住，并容易进行口头传播，在进行口头和文字传播时，不能产生消极影响的歧义；三是考虑品牌名称的价值联想要与品牌的价值定位相吻合，不能有负联想。

二、什么是好包装

定义了品牌的价值，有了好名称之后，企业还需要设计一套包装承载品牌。包装不仅解决了产品的储运问题，更是成为了品牌最大的广告，它承载着品牌差异化的价值，这是包装的灵魂。

企业越来越重视产品包装，设计公司的生意也日渐红火，设计一套包装少则数千，多则上百万，但企业还是乐此不疲。其实找专业公司做包装，花多少钱都是次要，关键是包装设计是否合理，如果包装设计不合理，那么企业不仅浪费了金钱，还有时间和企业资源。

怎么才算是好的包装呢？如何去评判一款包装的优劣？正知正行认为应该从以下三个方面进行判定。

（一）基本功能要实用

首先，包装是为了更好地解决产品的储运，所以实用是第一位，在实用的基础上再考虑如何更新颖、更有特色。其次，包装形式和选材也很重要。

（二）体现视觉审美

这是一个拼颜值的时代，产品的包装也不例外，有颜值才可以任性。颜值是视觉上的美感，体现在品牌 LOGO、色彩和视觉元素及布局，让消费者看着喜欢、感觉舒服，眼下正在流行一种“高大上的精致”，也是大众眼中的颜值。

但是，如果单纯地拼颜值，则会弱化产品的核心竞争力，导致产品毫无特点。目前，从市场上看，真正畅销的产品并不都是因为产品的包装，高颜值不一定带来高销量，过度注重包装就会丢失品牌的灵魂。

（三）传递品牌的核心价值，便于消费者识别

包装要凸显品牌的核心价值，主要是使用文字信息、视觉图案和主题色，哪怕因此会牺牲一些颜值也要在所不惜。

文字信息主要包括：品牌名称、产品名称和品牌卖点，目的是说服消费者购买品牌。在处理这些内容时，首先，在字体设计和整体布局上，考虑品牌信息的传播效果，越是知名的品牌包装越要追求简单，越是新品牌越要考虑品牌信息的传播。其次，在视觉呈现上要与品牌的气质相吻合。

视觉图案则要求更高，不仅要考虑品牌的个性形象，还要考虑所引发的信息联想，在品牌农业的领域，包装上惯用的视觉图案通常有以下三类。

第一类，与产品有关的图案，主要是原料或产品内容。

第二类，产地符号，尤其是具有地域特色的农产品，例如，新疆、内蒙古的特产惯用雪上、草原、民族元素等作为视觉符号。

第三类，针对品牌单独设计视觉符号。

无论采用哪种形式，都必须立足于品牌的核心价值，考虑包装的差异化，强调品牌的识别性，在使用那些缺少独特个性的通用视觉元素时，需要慎重考虑，因为很容易被抄袭和模仿。

在充分考虑品牌核心价值的基础上，包装还须具备视觉冲击力，即让包装放到货架上要能够鹤立鸡群，做到让消费者看一眼就被吸引。

总之，好包装离不开正确的品牌策略，其中价值感、个性化、传播效果和视觉冲击力是包装必须具备的特点。这是正知正行对好包装的定

义和理解，也是在品牌策划时践行的理念。

第五节　借势产区资源

产区资源包括产区品牌资源、独特的自然环境资源、历史文化资源和生产技术资源，其中最有价值的就是产区品牌资源。所谓品牌借势，借的就是消费者对这些资源已有的认知和联想，在没有认知的基础上，资源除非能够形成故事化传播，否则没有实际价值。品牌价值的最终实现要靠抢占先机，通过品牌传播，让消费者在认知的过程中，建立品牌与这些资源的关系，这是传播要重点解决的问题。

品牌农业要想借势产区的自然环境资源、历史文化资源或生产技术资源，需要对这些资源进行挖掘、梳理和提炼，形成独特的符号化或故事化的品牌信息，作为一种品牌的符号、故事或背书，与品牌进行连接即可。这一点相对容易理解也容易做到，企业真正需要讲究策略的，则是如何借势产区品牌资源来成就自己的品牌。

很多人可能会认为，既然已经有了区域公共品牌，企业直接用这个品牌实现销售不可以吗？为什么还要打造自己的品牌呢？其原因有以下两个方面。

第一，同区域之间企业的竞争不可避免。虽然从短期看，多家企业共用区域公共品牌是有益的，有利于增加销量，提升品牌影响力。但是在面向市场时，区域内企业之间同样存在竞争，而且产品高度同质化，所以企业同样要考虑价格竞争的可能。这一点靠行政管理很难约束，产区品牌也难以解决。

第二，随着时间的推进，同区域企业必然会在销售规模和市场能力上拉开距离。同时每个企业也需要不断丰富产品的层次结构，以赢得更大的竞争优势，获得更大的市场份额，如果没有企业自身品牌的支撑，这一点也很难实现。因为产区品牌所打造的区域个性体现在产品上则成了同质化的共性，这时候企业所面临的关键问题是如何与区域内其他企业品牌进行区分，因为企业才是市场竞争的主体。

所以，从战略上考虑，企业最终还是要回归到自身品牌的建设道路上，但是在前期自身品牌影响力不够的情况下，还要学会借势产区品牌资源。具体应该怎么做？这也是品牌顶层设计要考虑的内容。

因为产区品牌的打造刚刚兴起，农业的品牌化道路也刚刚起步，对企业如何借势产区品牌还需要在实践中做出更多的探索，在此，正知正行根据对品牌的研究和实践经验，提出以下几点办法以作探讨。

第一，企业规划好自身品牌的核心价值之后，重视从自身品牌识别上塑造品牌的独特个性，尤其在视觉识别符号和品牌卖点上，要确保企业品牌突出，更不能被淹没，尤其是产品包装和品牌传播。

第二，围绕区域内通用品类资源，包括独特的自然环境资源、历史文化资源和生产技术资源，研究自身的差异化，并进行强化和突出。一个产区品牌的背后，代表着某种独特的品类或生产环境资源，例如，烟台的苹果、新疆的红枣、寿光的蔬菜等。企业要打造自己的产品特色，就需要通过品类细分或开发亚品类，或者是产品深加工突出自身的差异化，这一点非常重要。

第三，在品牌传播中用产区品牌做背书。使用产区品牌做好自身品牌的传播需要讲究策略。在这方面，金六福的做法非常值得学习，虽然是独立注册的品牌，但是金六福在品牌上市初期以五粮液品牌的身份出现，因为它是五粮液 OEM 的产品，所以在品牌宣传时，金六福所有的品牌传播内容中都带有“五粮液出品”的背书，品牌很快就被消费者认知并接受。

随着金六福自身品牌影响力的形成，企业开始逐渐舍去五粮液的品牌背书，与此同时，还单独成立了四川金六福酒业有限公司。至此，金六福已经彻底成长为一个独立的白酒品牌。

品牌农业要想在品牌建立的过程中借势产区品牌，需要遵循这样的逻辑——先拥抱再舍去，拥抱时并驾齐驱，舍去时独自为王。

当然，企业也可以考虑抢占先机，从品牌认知上独占产区品牌资源。比如，龙大粉丝就率先打出了“龙口粉丝选龙大”的口号，烟台苹果也可以如法炮制出“烟台苹果选××”。随着品牌意识的提升，企业抢占先机的机会将越来越小，不过目前还很充分，谁先想到并先做到，谁就能成功。

第六节　解决品牌的难题

品牌属于企业，但品牌要想获得成功，必须得到消费者的认可。营销中有一句话：“得终端者得天下。”做品牌，不仅要占领渠道终端，关键是占领消费者的心智终端，只有这样，品牌才有价值，才能持续增加销量。

从行业的角度看，品牌农业领域还是一片荒漠，正适合建品牌。但是从消费者的角度看，市场上从来都没有荒漠，只有应接不暇的品牌和竞争，心智终端的竞争非常激烈。

品牌农业，要建立品牌，要占领消费者的心智终端，除了要充分考虑品牌的问题外，还必须考虑如何解决以下两个现实的营销难题。

一、如何建立品牌的信任

任何品牌，信任都是第一位，对新品牌更是如此，否则产品再好也无济于事，营销大师里斯在《公关第一，广告第二》一书中反复强调这个观点。人们为什么会持续购买可口可乐，为什么愿意主动尝试康师傅推出的新产品，就是因为对品牌的信任。

“三品一标”代表着企业的品质承诺，但是对于提升销量并不明显，为什么？说到底消费者还是对品牌本身缺乏信任。

企业靠什么解决品牌信任的问题？靠人、靠关系、靠圈子、靠体验、还是靠口碑？

知名度可以提升品牌的信任，但是要提升知名度，要么有大量的品牌传播支持，要么有长时间的口碑积累。靠人、靠关系、靠圈子、靠体验、靠口碑建立的品牌信任，影响力毕竟有限，速度也比较慢。最快的方法当然还是广告，但广告也不会立竿见影，需要时间沉淀。

这是建立品牌需要解决的第一个难题。

二、如何让消费者接受价格

多年前听过一段相声，讽刺那些只看眼前蝇头小利的人，内容是一个老太太上街买菜，菜价是3.5元/斤，这时候旁边一个老太太说，某某地方的菜是3.4元/斤，该老太太一听，赶紧坐上公交车就去，到那里买了二斤菜回来。如果单从买菜上看是省了0.2元，但是算上坐公交花去的1元，其实还多花了0.8元。

这是真实的生活场景，它充分说明了消费者的价格敏感度。

价格敏感度是研究价格的高低变化对消费者购买决策的影响，影响越大，说明消费者对价格的敏感度越高，反之则越低。

消费者对价格敏感度的高低是由多种因素决定的。通常情况下，消费者的消费层次越低，对价格的敏感度越高；企业的品牌力越弱，消费者对价格的敏感度越高；产品的购买频率越高，消费者的价格敏感度越高；产品同质化程度越高，消费者对价格的敏感度也越高。当然，在不同产品和不同行业，消费者对价格的敏感度也不尽相同。

通过以上分析不难发现，品牌农业正属于高价格敏感度的行业，品牌力弱、购买频次高、产品同质化严重。

为了提升溢价能力，近些年来更多企业把主营产品集中于中高端经济类作物。比如，土猪肉、笨鸡蛋、有机米面、有机杂粮等，还有一些深加工、精加工的品类，所以，价格高是一种普遍现象，也是消费者对品牌农业的总体印象。

从企业角度看，价格高的由种/养殖成本和企业的运营成本决定，从市场角度看，过分夸大中高端消费者的购买能力，也是受一些专家吹嘘的“卖出高附加值”等观念的影响。

实质上，品牌信任仍然是关键问题，不相信品质就无法接受价格。

完成了品牌的顶层设计之后，企业需要进一步梳理与消费者沟通的渠道，即一组清晰的品牌卖点；一句直击心灵的宣传口号；一个统一的品牌形象和一套科学的传播和推广方案。

案例六　致养原浆是如何打造的

在植物蛋白行业，多年来形成“北露露、南椰树”的市场格局。2008 年，因为养元六个核桃的异军突起，植物蛋白行业被重新关注，行业热度迅速提升。2011 年，又因为河北绿宝露饮品的致养原浆产品在市场上的惊艳表现。让苦苦寻求突破却苦于无门的中小企业看到了黎明的曙光，于是众多中小企业开始模仿致养原浆的包装，尤其在2012—2014 年，咖色包装、原浆概念一度成为植物蛋白行业的主流。

从 2011 年的销量不足 4000 万元，到 2012 年实现 1.2 亿元销售额，再到 2013 年的 1.8 亿，致养原浆是如何在强手如林的植物蛋白行业杀出重围的呢?

一、成功，源于领导者的新年

电影《一代宗师》中有一句让人印象深刻的台词“念念不忘，必有回响”，意思是“心有所系，业有所成”，做企业依然要遵循这个道理。河北绿宝露食品成立于2000年，十多年来经历过植物蛋白行业的混乱期、成长期、变革期，也曾数次面临行业的机遇与挑战，但一直名不见经传，直到2011年7月才迎来转机，一切因新团队的介入而改变。

新团队以80后人员为主，他们拥有创业的激情和专心做事业的心态，企业领导正是因为看中了这一点，才放心把自己培养了10年的员工交到他们的手里。也正是因为他们具备专心做事业的心态，才没有让企业沉溺于营销战术，而是采用战略先行、战术跟进的方式，率先从战略层面入手，短短3年实现了公司发展的战略转型，包括实施集团化运作、启动品牌升级、实施产品创新、重点市场布局及深度精耕等，这些战略性的调整和转变成为公司实现品类突围的根本保障。

我们常说，一个层面问题的有效解决，必须从更高的层面入手。一个企业要实现在行业中的突围，仅仅从营销层面、市场层面着眼是不够的，但眼下大多数中小企业的思维还停留在这个层面。以我曾经接触的很多中小企业为例，虽然企业领导习惯把自己突破无门的困境归结于六个核桃的强势及自己营销团队中人才的匮乏，但本质问题并非如此，自身战略性思维的缺失、思维格局的局限才是造成企业现实困境的根本原因。

何为格局？格局就是“高度+角度”，二者缺一不可。

何为“念念不忘，必有回响”？因为你坚守目标，才会有结果导向思维，为了实现目标才会从不同的角度进行审视和思考，只有这样才能突破固有思维，角度打开了，高度自然提升了，所以才能转变思维。从企业的综合竞争力考虑，建立系统配称，打造综合竞争力。

企业的所有行为，都是领导者意识的体现，企业的成功也是领导者正确思维导向的结果，很多时候无关团队的能力和素质。大多数企业抱怨“人才匮乏”，但是，在抱怨的同时，它们忽视了一个简单的道理：“要想养鱼就必须先有池塘”。同样，要想吸引和培育人才就必须有人才生存和成长的土壤，这是领导者该做的事，没有“池塘”，即使你从其他地方找来了鱼也无法存活。

二、创新，只是简单的开始

关于绿宝露，大多数企业看到了它的产品创新——致养品牌的启用、原浆概念的推出、大胆地采用咖色矮罐包装、国家奥林匹克体育中心的品牌背书等。

从表面上看，这只是一个胆大的行为，从本质上看，离不开企业对行业的深刻认识。

从品牌传播速度上看，新品牌被市场接受的速度远远低于老品牌，品牌本身也缺乏说服力。但是新品牌却能够快速改变市场对原有品牌的印象，尤其是在低端市场厮混多年的老品牌。例如，在 2000 年老白干为了实现从低端市场突围，毅然推出十八酒坊，迅速占领市场，取得成功。所以，有时候推出新品牌反而更容易获得成功。

2011 年，绿宝露推出致养原浆，当时是植物蛋白行业的品类正在由成长期向成熟期转变。根据正知正行对品类的研究发现，在这种领导品牌格局已经形成的品类时期，新品牌要进行品类突围，只有两条路可走，一是创新亚品类，二是实施消费市场细分。致养原浆进行的是亚品类创新。

经过对行业的认真研究和分析之后，正知正行坚定不移地向企业推荐了“致养”这一新品牌名称，而且在包装设计上，为了支撑品牌的中高端定位，大胆突破了行业惯用的蓝白色调和高罐设计，采用了咖色矮罐，体现品牌的质感。同时，考虑新品牌自身的“分量”不足，如果有强有力的品牌背书，无疑将会大大提升品牌价值，于是“国家奥林匹克体育中心”的背书便顺理成章地被纳入“致养”品牌之中。事实证明，这一设计和举措获得了成功，它不仅提升了品牌的说服力，而且极大调动了内部营销团队和经销商的信心。

“原浆”概念从白酒行业借鉴而来，但在植物蛋白行业却是创新之举，虽然在“致养原浆”推出之后也遭到了不少质疑，比如，“原浆”

没有独占性会因为被大量模仿而失去价值，能不能支撑企业走得更远？原浆只是一个概念，不具备竞争力等。但是从实际运作来看，“断章取义”有时候也是可行的，结合“致养原浆+国家奥林匹克中心+坚持”这三个概念进行推广，效果将大不一样。

有了品牌和产品，定价就显得非常关键，致养原浆选择了高于主流价格的定价策略，很多企业会简单理解：产品定价高于主要竞品，就是为了获得市场操作空间和充足的渠道利润。其实这只是表象，在致养原浆的定价上，我们也同样灌注了战略思维。因为从植物蛋白行业的发展脉络上看，有两个关键点不能忽略，一是礼品属性，二是价格升级，将这两个因素结合起来考虑，就是礼品属性品牌持续的价格升级。以行业老大六个核桃为例，刚上市时属于高价，但是今天已经成为大众价位，因为对于礼品属性的品牌来讲，消费者购买的除了品质外就是价格，那么未来的价格是什么？谁来占有？我们不能说机会属于致养原浆，但至少致养原浆要抓住这个机会，而且有可能成功。

如果产品的突破需要创新思维和勇气，那么要想用这支产品推动品牌的持续成功，需要的则是坚持。在这个过程中，被模仿从来都不是问题，六个核桃和露露都是在模仿中成长，虽然模仿会在短时间内扰乱市场秩序，但是模仿可以快速地提升品类氛围，缺乏战略思维的模仿者永远都只能是模仿者，谁能坚持谁将获得最终的成功。

三、品牌，就是处处用心

树立正确的做品牌的态度，最基本的是找一家专业公司提炼一个品牌概念、设计一套独具特色的包装，但是，关键在于后期营销工作的系统推进，让品牌真正落地。在这个过程中，需要企业处处用心，不能忽视和轻视每一个环节，用做品牌的态度去打动客户、打动消费者，用行动去建立消费者对品牌的信心。

品质是品牌的生命力，任何企业都不能忽视。为了做出好产品，绿宝露坚持使用太行山优质核桃作为原料，而且在生产工艺上更是精益求精，为此不惜花重金对原有的生产线、生产车间进行改造。从选料到磨浆，从灌装到灭菌，层层制定标准、层层严格要求，而且为了实现产品最好的口感，邀请了行业专家参与研发，在最终产品上优中选优。

产品出来之后，企业首先召开产品上市会，为了做出品牌形象，会议不仅邀请了国家奥林匹克体育中心的主管领导和行业媒体记者，而且，在会场选择、现场布置上也是费尽心思，虽然是小企业运作的新品牌，但是处处透着大品牌的气势。

为了推动产品上市，企业率先在全国范围内优选了20家重点客户，作为第一批试点销售市场进行运作。因为很多客户对做高端产品信心不足，而且缺少营销的思路和方法，企业为此组织了一场重点客户会议。在会上详细讲解品牌的上市运作方案，会下单独沟通和指导，把上市的步骤、每个市场的运作思路、市场操作的要点、厂商如何协作、企业的营销资源配置等，为客户做了系统的梳理，通过这一方式系统解决怎么干的问题。

接下来就是见真章的时候了，为此企业重建了市场部，为客户提供分销、终端推广、重点店建设、销售人员培训等专业支持。在具体推进中，从品牌的终端陈列、广告宣传物料的使用、终端人员的形象、推广活动的设计以及氛围营造上等，对每一细节进行规范，当然宣传物料的设计制作也非常注重品质。

因为准备充分，各方资源相互配合，品牌一上市就获得了成功，重点市场、重点终端很快进入了良性动销状态，由此也坚定了企业和经销商的信心。产品在全国市场逐步推广，销售业绩也持续上升，一支单品第一年就实现4000万元的销售额，接近企业上一年的全年销售额。同时还带动了其他产品的销量，第一年就实现了1.2亿元的总销售额。

四、爆发，是不断积蓄的能量

品牌的沉淀是品牌知名度、影响力的累积，是品牌价值形成的过程，但是，企业往往会忽视品牌背后的资源沉淀，比如，经销商资源。

虽然绿宝露在2011年之前一直不温不火，但是积累了一批忠实的经销商资源，在机遇面前，他们只需要企业的一支强心剂，只要企业振臂一呼，就能快速行动起来。这种力量的爆发是很多新企业、新品牌无法做到的。随着2011年企业的战略调整以及新产品的推出，年底的一场新品上市会彻底点燃了经销商的热情，虽然难免会有疑惑，但是前进的动力很充足，所以才有了2012年1.2亿元的业绩巅峰。

绿宝露的市场策略与六个核桃所推行的层级市场扩张策略有所不同，绿宝露立足于原有的渠道资源，第一步是快速实现了蛋白主销区域的点状布局，做单点精耕；第二步是绕点布点；第三步连点成面，形成所谓的区域市场，这一策略最符合企业现实。

对多数中小企业来讲，在建设渠道时，重数量不重质量，重生意不重情感，而绿宝露的做法恰恰相反——重质量不重数量，重情感不重生意。正知正行认为，这是经销商能够在关键时刻挺身而出的重要原因，也是企业能够快速实现转型的基础力量。

五、务实，战略生根的保障

企业要想长成参天大树，必须要深深扎根于土壤，再宏伟的战略、再大的勇气和信心、再伟大的事业理想，如果没有扎扎实实的落地工作，都只是空想。

绿宝露的核心营销团队从2008年就已经开始了市场扎根工作，2011年只是一个契机，以曹洪江为首的营销团队所表现出来的“勤奋、进取、务实”精神值得很多中小企业学习。如果说大企业的营销实施靠机制和惯性、靠资源支撑，那么中小企业就靠勤奋和务实，尤其是领导者的执行力。

正知正行通过多年的咨询实践经验发现，不管是企业启动转型，开拓新业务领域，还是新企业的拓展，在营销上必须要有集思维能力、决策权和行动力于一身的灵魂人物，才能获得成功。对中小企业来讲，即使有再好的制度、再好的资源配置、再强的团队能力，在大多数情况下，职业经理人不能解决全部问题，它们缺少的不是资源也不是能力，而是与企业血脉一体的抉择和从头再来的创业精神，完美的躯体必须有伟大的灵魂支撑，这一点尤其关键。

营销的本质是创造差异化价值。通过对绿宝露的解析，我们发现，在今天这样产品高度同质化、营销的策略和战术高度同质化、品类竞争如此激烈的市场环境中，企业要想突出重围，靠策略和战术已经不足以支撑了，真正能够形成竞争力的是靠战略性思维、品牌的品类化创新以及强大的执行力，这才是企业差异化能力的关键。

第八章
品牌农业的四张王牌

小明最近迷上钓鱼，有时间就会约上几个好友去垂钓，还不惜花重金置办了一套装备，他说：“钓鱼可以陶冶情操。”

最近，小明在网上看到附近有一家鱼塘即将开业，承诺开业当天前10名免费钓，其他人只要100元就可以钓一天，所有人钓多少鱼全归自己。小明觉得自己垂钓技术不错，开业当天就兴冲冲地去了，还承诺钓了鱼要送给我。

周一上班见到小明，我还没问他鱼的事儿，小明就说：“领导，实在不好意思，昨天钓了一天，一条都没钓着，遇到技术障碍了。”

“估计前10名也没赶上吧，100元就当是陶冶情操了。”

“没开门我就去了，不过前面已经排了10个人了，老板挺够意思的，没钓着鱼的每人送了一只鸡。”

“那是不是所有人都没钓着？”

“是的，你这么知道的？不过拎只鸡回来，大家也挺高兴的。”

“你知道老板之前是干什么的吗？他就是养鸡的，其实池塘里根本就没有鱼，人家就是为了变个法卖鸡！”

“你还别说，真有这种可能，我说怎么那么多人谁都没钓着呢？”说完之后小明将信将疑地念叨。

“好了，别想了，就当是一个现实的营销案例研究吧，前10名免费钓叫引流，通过鱼塘卖鸡叫渠道创新，钓不着鱼送鸡叫提升品牌满意度，营销创新无止境，你还是好好学吧！”

做品牌的目的，是通过销售创造利润，品牌的顶层设计完成之后不能坐等顾客上门，还需要研究渠道、研究品牌传播，要想做好品牌农业，企业必须打好四张牌，第一张是渠道牌；第二张是品牌传播牌；第三张是互联网牌；第四张是团队执行力的牌，四者缺一不可。

第一节　如何构建渠道

什么是渠道？通俗地讲就是企业把产品向消费者转移的过程中所经过的路径。

说起渠道，很多人会想到KA卖场、便利店、专卖店、团购等，我们姑且把它们称为“实体渠道”。在互联网快速发展的今天，电商渠道的价值不断被发掘，渠道形式也在不断创新，出现了众多新型的销售渠道，例如，京东、阿里、有赞、微信、社群、网络众筹、网络团购等形式，从而扩张了渠道的内涵和外延，远超出传统意义上对渠道的认识和理解。

这些渠道或自成体系或相互融合，共同构成了当今的渠道业态。

但是，无论渠道形式如何创新，渠道类型如何多元，消费者购买方便、产品随需可见，依然是渠道建设的目的，只是在互联网时代，渠道有了更宽泛的概念。

第一，一切能够解决产品从企业流向消费者的工具和手段，都是渠道。

微信号作为社交工具，如果能作为消费者和产品之间连接的桥梁；能够传播品牌信息；能够激发消费者的购买动机，那它就是一种销售渠道。

第二，线上与线下渠道的融合，让任何渠道都兼具“销售和推广”职能，两者之间的界限正在变得日益模糊。

在过去，企业任何一场促销活动都只是简单的促卖，但是，在社交媒体不断发展的今天，微博、微信等社交工具也加入了销售渠道的行列。这些社交工具能够传播品牌信息、增加销量、带来新的消费群体，因为网络媒体的信息接收者都可能变为产品消费者。

这就是今天的渠道。外延和内涵都在被不断地放大，互联网正在重塑每一个渠道的价值。

一、品牌农业渠道操作中存在的问题

面对不同类型的渠道、不断创新的渠道形式，很多企业认为，渠道就是机会，做好了都能增加销量。于是哪个渠道都想尝试，做电商、开专卖店、做团购、做微信公众号等，凡是认为有价值的都试图尝试。

结果怎么样呢？其实尝试了才发现，虽然做了很多渠道，但真正能增加销量的并不多，尤其是能够支撑企业销量持续增长的渠道并没有形成。

这就是品牌农业在渠道运作中经常出现的所谓“两多”和“两少”，即：**尝试的很多，但是能做扎实的很少；看着机会很多，但是做出结果的很少。**

为什么会出现这种情况？根源还是战略缺失，能力不足。

第一，品牌没有进行顶层设计，营销策略缺失，导致渠道运作的盲目性，没有清晰的渠道定位，对各类渠道的营销职能划分不明确，无法从战略上实现渠道运作上的资源聚焦，大多数只是浅尝辄止，无法形成支撑销量增长的渠道。

第二，缺少优秀的营销人才，销售团队建设无法满足渠道扩张的需要，渠道运作能力不足，影响了渠道运作效果。

第三，受资源能力限制，在渠道投入上跟不上，导致从战略上需要重点投入运作的渠道没做或做不到位，有些渠道只是做了简单尝试，根本没有效果。尤其是对于新兴的互联网渠道，认识不深入、能力不足，导致渠道运作不良。

渠道运作的正确思维逻辑应该是企业战略决定品牌顶层设计，品牌的顶层设计决定营销策略和模式，营销策略又决定渠道的选择和组合，有了这些战略规划，才能制定渠道目标、配置营销资源、跟进方法和手段，最后通过持续的运作，形成支撑企业核心销量的渠道，推动业绩持续增长，把企业带上良性的运作轨道。

上述内容是品牌农业渠道建设绕不开的话题，需要逐步解决，层层推进。当然，早解决早受益，早获得竞争突围的机会。

二、认识各类渠道的价值

农产品的销售渠道类型很多，目前，批发渠道仍是农产品最主要的销售渠道，它以大宗农产品销售为主，运转模式比较简单，从产地流转到集散地，然后从集散地再分销到农贸市场、餐饮店，最后到消费者的手中、口中。

在批发市场渠道中，尽管也呈现出品牌化的趋势，但由于流经环节多、过程不可控，很难真正形成品牌，各环节还是以质论价。所以，品牌农业更需要关注以下五类渠道。

（一）KA 超市

超市是最常见的渠道业态，遍布城乡各地，运作模式非常成熟。

超市渠道以家庭购买为主，大宗团购为辅，产品具有很强的包容性，不管是初级农产品还是深加工农产品；不管是散装农产品还是包装农产品；不管是礼品型的产品还是消费型的产品，在 KA 超市都能销售。所以品牌农产品在这个渠道上出现的越来越多。

从功能上看，超市除了能增加销量外，还可以实现品牌形象的展示和推广。相较于其他渠道，超市有两大独特优势：一是为品牌提供背书，消费者会认为进超市的就是品牌，品质值得信任，所以超市渠道能够提高品牌的可信度，提升品牌形象；二是超市的客流较大，为品牌推广提供了必要条件。

所以，从价值上看，KA 超市对品牌农业具有战略意义，是品牌农业绕不开的渠道，早晚都得做，需要高度重视。

但是，超市的运作要求相对较高，超市内资源竞争激烈，企业不仅要具备资金优势，而且还要具备超市运作能力，才能支撑超市渠道销售，二者缺一不可。基于这两个因素的限制，很多企业对超市渠道只能是望洋兴叹。

（二）流通渠道

流通渠道主要包括名优烟酒店、社区便利店、连锁店等几种类型。

流通渠道数量庞大，分布广且密集，虽然单一渠道的销量不大，但是这类渠道的销售规模和能力却不容忽视。

在过去，酒类产品主要运用这种销售渠道，这种渠道也是酒类产品获得利润的主要来源，近几年来，随着酒类产品销量的下滑，渠道也在寻找和尝试更多可以增加营业收入的产品。对品牌农业来讲，这可能是个机会，从当前看，带有礼品属性的产品比较容易切入流通渠道。

流通渠道以销售包装产品为主，对产品保质期要求比较高，因此要运作这类渠道，对企业来讲，要具备一定的品牌力或者拥有明显特色的产品，也要具备相应的产品配送能力，适时进行渠道维护，以防止临期品的大量出现。

（三）自营渠道

自营渠道主要是品牌专卖店，大多数团购和会员制销售以专卖店为依托。

品牌专卖店兼具销售、品牌展示和凝聚消费者等功能。根据店面选址，专卖店可分为：社区专卖店、商圈专卖店、临街专卖店、商场店中店等。除了实现销量增长外，因为选址不同，品牌专卖店所体现的核心价值也不一样，例如，社区专卖店瞄准社区消费，商圈专卖店和商场则不同程度地体现着品牌形象和定位，临街专卖店则是为了展示品牌形象。

在 2013 年之前，大多数企业做品牌专卖店是为了团购，既方便顾客上门购买，也为团购运作提供信誉保障。2013年之后，随着品牌农业的兴起及团购渠道的没落，企业开始把品牌专卖店转向社区销售，发展店面会员和家庭宅配以增加销量。最近几年来，社区品牌专卖店发展得如火如荼，水果店、蔬菜店、猪肉店、羊肉店等随处可见，但是各类专卖店开的多、关的也多，主要是单店盈利能力不足以维持店面运营。

所以，做品牌专卖店关键要考虑以下三个问题。

1. 专卖店的定位

企业做专卖店，定位要清晰，目标要明确，为了增加销量还是为了展示形象，或是其他战略目的，专卖店的定位决定着店面选址、店面规模、单店盈利模式等。

2. 专卖店的盈利模式

专卖店的盈利模式即专卖店要通过哪种方式吸引顾客、实现销售目标并获得利润。

盈利模式的建立需要企业预先做好规划，更需要在实际经营中不断尝试、发现和摸索，有了一定的样本积累之后才能最终形成，这一点尤为重要。通常情况下，单纯靠店面销售不足以维持运营，还要考虑如何实现店外销售，当然如果企业的产品质量足够好，品牌足够响亮、市场需求足够大，店面销售也可以支撑店面运营。比如，“金凤扒鸡”的品牌专卖店做得非常出色，“举个栗子”靠糖炒栗子也发展得很快。

3. 专卖店的扩张模式

如果要发展直营专卖店，企业要具备相应的资金和管理能力，如果是发展加盟店，则需要一套合理的加盟模式。此外，货源的管理和控制是关键，一定要确保加盟店销售企业的产品。这对以经营预包装初级农产品的企业尤其重要，因为产品高度同质化、包装简单、采购方便，如果管理不到位，加盟店销售中可能会出现“李鬼代李逵”的现象，这将导致利润的流失，而且还会影响品牌声誉。

目前来看，“好想你”大枣靠品牌专卖店做出了一定的规模，并形成影响力。在发展的高峰期，它的全国专卖店的数量近3000家，销售额突破了10亿元，通过专卖店成就了品牌，也实现了战略意图，具有一定的借鉴意义。

（1）会所或餐厅

为了实现销售目标，除了品牌专卖店外，企业还可以结合自身情况，发展以品牌体验为主要目的的会所或餐厅，这类渠道能够强化消费者对产品的体验，引导消费者现场购买，，从而带动品牌销售。会所或餐厅在本质上依靠朋友或者朋友介绍消费者，走圈子营销的路线。

但是，如果企业能够把餐厅或会所做出特色，也可以作为一项战略目标进行规划，餐厅或会所能实现多少团购已经不再重要，靠餐厅或会所自身盈利即可，全聚德就是在通过餐饮卖烤鸭。

按照这种逻辑，如果条件允许，品牌农业可以跨界到餐饮行业，因为餐饮是农产品主要的消化渠道。根据相关数据显示，粮食和果蔬整体销量，餐饮渠道销售占20%，肉类则更高，达到40%。

当然，我们也看到，为了保证菜品品质，一些规模性的连锁餐饮也在自建种植和养殖基地。另外，为了实现产品标准化、降低后厨成本，初加工类的半成品在餐饮渠道的销售占比越来越大，这一改变对农企是很好的机会，可以研究配套产品。

总之，无论是与成熟的餐饮渠道发展战略合作，还是以餐饮的形式带动品牌销售，餐饮对品牌农业发展具有重要的战略意义，应该给予重视。

（2）会员制销售

团购也是企业构建自营渠道的销售方式，会员制销售是团购的一种形式，不同的是，团购多以企事业单位为主，会员制则以个人家庭为主，是一对一的打包销售。

目前品牌农业所采用的会员制销售，大多数是B2F模式，即把家庭作为会员单位看待。会员制销售倚重朋友圈子，靠产品体验和社会关系留住消费者。当然，企业也可以通过媒体推广或网上交易来发展会员，比如，北京正谷（用自有品牌+基地合作，专做有机食品）的模式，但需要企业投入更多资源，且投资力度相对较大，对品牌推广的要求也比较高。

目前，蔬菜和水果等销量较大、消费频次较高的产品使用会员制销售，生鲜类产品也做出尝试，但是效果并不理想。这里其实有三个问题需要解决。

第一，用黏性留住消费者。虽然宅配蔬菜是按需搭配和定期入户，看起来很便利，需求量较大，且消费频次高，能够维持店面发展。但是，与传统进菜市场购买的方式相比，果蔬的新鲜度、品种、用量搭配等，依然存在较多不便，这就会导致用户黏性下降。另外，与琳琅满目的现场选购相比，下单购买远远不能满足购物体验，这是消费者倾向于线下购买生鲜类产品的主要原因。

第二，产品供应。尽管在时间上能够保证供应，但是家庭宅配通常采用的订单式配送方式，即为客户提供选择清单，客户从中选择，如果客户选择的品种比较集中，就会出现供不应求，企业要么临时寻找货源，要么要求客户调整品种，但是如果频繁调整，客户的满意度会受到影响。

第三，价格高是关键。企业需要投入大量资金，用以保证产品品质，而且小批量、高频次的配送也需要资金支持，这就会导致产品的高价定位，然而价格高就会屏蔽更多消费群体。

（四）电商渠道

近几年来，电商渠道迅猛发展，社会高度关注，发展前景也被看好。政府把电商作为重要的发展渠道，在品牌农业领域大力推广和扶持，在实际操作中，企业也在不断地尝试和探索。

不管是做 B2C 电商还是做 C2C 电商，根据渠道形式，我们可以把电商渠道分成以下几种。

1. 平台电商

平台电商主要指阿里、京东和苏宁等综合电商，也包括本来生活网

（专门做食品的网站）、优菜网（专门做生鲜和冷鲜的网站）等全国性或地方性的专业网站平台，“网站＋微信”是主要形式。

近几年来，阿里巴巴和京东大力投资农产品销售，阿里正在全国范围推行地方特色馆，进行农村淘宝建设，京东在生鲜销售上也不遗余力。在这些平台上，企业可以以“品牌店”的形式出现，也可以选择与成熟的专业店铺合作。

相对本来生活网、优菜网等专业电商网站，阿里巴巴和京东更注重对品牌和产品的筛选，当然在品牌的传播和推广力度上，也会投入更多的人力和物力，但更注重做流量、做款式。如果企业能和它们达成战略合作，这将很有意义。比如，“褚橙”与本来生活网合作，取得销量的突破，最终形成品牌影响力。

总之，在平台电商领域，企业参与的机会很多，形式也比较灵活，但是它们对企业的专业能力要求也比较高，需要企业具备专业的运营人员和懂得行业情况的人员。

关于如何更好地在平台电商上运作，目前市场上有很多相关著作，既有理论也有具体操作教程，企业可以运用书本知识进一步研究实际步骤。

2. 网络众筹

众筹，即大众筹资或群众筹资，它由发起人、投资人和平台构成，具有低门槛、样式多、依靠大众力量、注重创意的特征，是一种向群众募资，以支持发起个人或组织的行为。众筹，就是为了筹人、筹钱、筹资源。

在商业领域，从内容上看，众筹可分为“股权众筹”和“产品众筹”，“股权众筹”通常以项目的形式出现，靠股权分红的形式激励参与，其目的是为了融资。“产品众筹”通常以品牌的形式出现，靠品质和价格激励参与，其目的是为了销售。在实际操作中，两种方式也可以结合。

从发起渠道上看，众筹还可分为“线上众筹”和“线下众筹”，这两种形式也可以结合。这里我想重点强调产品的网络众筹。

网络众筹，不是因农业而生，但在品牌农业销售中颇有建树。

目前，做网络众筹最好的平台是众筹网、淘宝众筹和京东，当然企业也可以选择在其他平台上发起众筹。在众筹网、京东和淘宝上做众筹，通常对产品要求比较高，要求产品有特点、有差异化、品质有保障，活动本身也要有卖点，同时产品还必须是独家首发。

之所以推崇网络众筹，因为它不仅是一场销售活动，更可看作一场品牌推广活动，如果再把众筹活动与微信传播相结合，传播效果会更好，这是企业更应该关注的平台优势，品牌农业也不例外。

在互联网时代下，网络众筹成为产品推广的主要方式之一，其价值在于以下三个方面。

第一，众筹这种方式已经比较成熟，社会认知度高，关注度也高，所以品牌以众筹的方式出现不缺关注度。

第二，众筹网也好，京东、淘宝众筹也罢，平台已经具有社会影响力，在线上积累了大量的关注人群，他们会参与购买也会参与传播。

第三，为了推广众筹产品，众筹平台也充分利用自身的资源，探索多种传播和推广形式，企业需要支付平台推广费用，虽然是收费项目，但很多值得投入。

所以，正知正行认为，品牌农业要学会用网络众筹，把众筹当作品牌传播和推广的手段、销售方式，这对品牌的建立很有价值。

3. 微渠道

微渠道，主要包括微店铺、微网站、朋友圈、微群等。

微渠道依靠朋友圈，微信和微博是它们发展和生存的基础，近几年来发展得如火如荼，全民都在做微商成为普遍现象。就做品牌来讲，这些渠道虽然能够增加销量，但难成主力，品牌也很难靠这些分散的渠道形成势能，所以只能是辅助手段。

（五）寄生渠道

什么是寄生渠道？大多数人对这个名词比较陌生，顾名思义，寄生渠道就是寄生于其他渠道的形式，它不是独立的渠道，只是一种渠道形式。简言之，就是“台湾烤肠”的渠道形式，无法独立生存但可以与多种类型的渠道结合，它要求企业的产品具备简单标准化，但仍需要做消费前的最后加工，无须渠道过多推荐便可以销售，能够通过加工设备或产品包装实现品牌化识别。

为什么要单独谈“寄生渠道”？主要是强调它在品牌农业销售中的价值。例如，大家都熟悉的烤红薯、煮玉米、爆米花等，企业可以采用这种渠道形式，通过对原始农产品进行标准化筛选或简单初加工，再配以简单的操作设备，实现终端产品的标准化和即食化，同时实现品牌化识别，这样就可以实现品牌溢价和销量持续增加。

按照这种思路，很多农产品都可以研究这种渠道形式，为顾客提供即食产品，既方便消费也能靠现场制作增加信任，在一定程度上可以弥补企业品牌力的不足。

三、如何构建渠道模式

富岗专做绿色食品和有机食品，在河北乃至全国都具备一定的知名度和影响力，企业靠苹果一支单品建立了品牌，目前已经形成以苹果为龙头的大产品群，涵盖肉、蛋、干果、杂粮、食用油等多个品类。

从 1996 年公司成立伊始，品牌专卖店就一直是它的主营渠道，在专卖店内进行团购和会员销售，做得非常成功。近几年还发展了淘宝、京东等电商销售渠道。

为什么富岗会选择把品牌专卖店作为主营渠道？这是由企业内外部条件决定的，我们分阶段来说明富岗的渠道选择。

第一阶段：品牌定位决定渠道模式

富岗的成功靠一支战略单品，就是定位于中高端的富岗苹果，当然，产品也分档次进行销售，价位从十几元一个到几十元一个不等。

在公司成立之初，谈不上具备品牌力，销售靠产品力，所以团购是主要销售渠道，礼品是主要销售形式，当然，它也抓住了团购渠道兴起的机会和市场发展的时机。最初做专卖店主要是为了“开发团购”和“树立品牌形象”，靠团购和会员销售支撑品牌专卖店的运营，很快也突破了僵局，形成了竞争优势。

富岗的品牌专卖店先是从家门口的市场内丘做起，取得一定成效后，进一步扩展到了邢台、石家庄、北京等地。

第二阶段：企业能力决定渠道模式

团购销售靠“关系”，如果没有品牌力支撑也很难长久维持，更别说是店面零售了，所以从一开始做市场，富岗就非常重视品牌建设，除了公司网站、微博、微信等自主传播外，它还做了大量提升品牌价值和影响力的工作。例如，2008 年奥运会的指定水果，每年必做的采摘活动，邀请网络大 V 到基地旅游，CCTV 等电视媒体的专访等。

所以，有销量有传播，品牌也很快建立起来，当团购渠道没落时，它已经可以靠品牌而不是纯粹靠客户关系来支撑销售，而且还做得非常好，所以富岗的专卖店模式才得以沿袭至今，受市场大环境的影响较小。

通过对富岗的案例分析，正知正行认为，品牌农业要构建自己的渠道模式，需要结合企业的品牌定位和营销目标，结合企业的自身能力和市场环境进行综合考量，在具体原则上，要把握好以下三点。

第一，从销量考虑做精耕。把销售放到第一位，重点找出那些能有效增加销量的渠道，做精做细，做成自己的强势渠道。

第二，从职能考虑做布局。在分析各类渠道时已经提到，除了销售职能外，不同渠道还有各自独特的营销职能。比如，超市渠道的品牌推广、品牌形象展示等职能，所以成为渠道，除了重点做能产生销量的渠道外，要从渠道的功能出发，考虑渠道之间的相互影响和对品牌价值的贡献，整体做好渠道布局，实现渠道组合。

第三，从战略上考虑做创新、做尝试。随着互联网和社交网络的发展，渠道创新的形式更多样化、创新空间更大、成功的概率也较大，但不确定性也增加了，所以企业一定要在渠道上敢于创新、积极尝试，观望只会错失新机会。

第二节　做好品牌传播

建立品牌需要做好前期的定位规划，也需要后续品牌传播和推广，两者缺一不可。很多企业往往只做前期工作，却没有坚持做后期工作，有的甚至连前期工作都没有做好，这样怎么可能建立起品牌呢？

要做品牌传播，一方面，企业要衡量所掌握的资源，另一方面，要抓住市场机会，因为时机不等人，错过了市场时机，投入再多的资源也难以获得回报。

做品牌就是做战略单品，除了品牌名称外，品牌传播推广必须要以战略单品为核心展开，通过资源聚焦和样板市场的建设，全方位推动战略产品到明星产品的转变，这是销售的终极目标，也是品牌建设的终极目标。

提及品牌传播，很多人第一时间想到的就是上央视、做广告等，从线上到线下的立体化品牌传播对品牌建设有一定的效果，如果企业人力物力足以支撑，谁都愿意使用这种方式宣传，“要做事先做势”的道理谁都懂，但很多时候所谓的战略高度也需要资金支持，“奈何英雄气短”，资金不够怎么办？

郭德纲在相声段子里说：“有钱男子汉、没钱汉子难。”恐怕也是很多企业老板的内心写照，没钱怎么办呢？没钱就不做市场了吗？就不做品牌传播了吗？其实也未必，重要的是企业要有品牌意识，再根据自身的实际能力，把有限的资源用好。在实际经营过程中，无论企业大小，资源永远是发展的瓶颈，每个企业都有自身需要解决的问题，也有发展的劣势，关键是如何量力而行，努力做到最好。

对于上述的这些问题，正知正行认为，必须要处理好以下几个方面的问题，才能做好品牌传播，形成品牌影响力。

一、建立内部品牌认同是第一步

品牌影响力的形成分圈层实现，品牌的认同最初是来源于对人的认同，它以企业为核心，根据与企业关联程度的高低由中心向外逐步递减扩散，这就是建立品牌的第一步，在企业内部要形成对品牌的高度认同。这是提升品牌影响力中成本最低的方法，也是最关键的办法，但是这一点常常被很多企业忽视。

2014 年，君乐宝乳业高调推出了奶粉产品，在产品上市之前，很多人对此并不看好，主流观点有两种，一是奶粉行业品牌格局已经形成，进入难度很大；二是君乐宝并没有突出的优势，也有人认为三鹿事件对河北乳品企业的负面影响还没有彻底消除。总之，反对者多，赞成者少。

但是，企业还是坚定不移地做下去。

刘森淼总经理负责接手奶粉事业部，他在君乐宝是冠军级的销售人物，随企业发展不断成长，经历过企业发展的低潮，也体验过企业发展的辉煌，从来都不畏惧任何挑战，不放弃任何机遇。尽管清楚地认识到中国奶粉市场的潜力和竞争激烈程度，内心也坚信君乐宝的品质能力，但是在产品没有得到市场验证之前，内心还是忐忑不安，到底应该怎么办？没有人告诉你成功的答案。

刘森淼回忆起这段历程时说："如果自己都不能坚信自己，就没有人会相信你，如果你的员工都不为你捧场，更不会有人会为你喝彩。"

于是，他做了一个决定，在自己的办公室里放上奶粉，每天冲奶粉代替饮料，来往的客人一律用奶粉招待，内部员工也用奶粉代替饮料，并且坚持向每个人介绍自己的产品。正是因为这种坚持，对品牌的信任就像病毒一样，在企业内部和朋友圈里迅速传播，他们也成为君乐宝奶粉的第一批簇拥者，不仅如此，他们还会主动把产品再推荐给身边的亲人和朋友等。君乐宝拥有20年的发展历史，6000多名员工，这种影响力绝对不可低估。

内部的品牌认同建立之后，加上卓越的产品品质和正确的营销策略，君乐宝奶粉一经上市便大获成功。上市第一天（仅有网上销售）销售额突破10万元，上市第一个月销售额突破600万元，在天猫第一个“双11”的销售额高达2830万元。

这就是我们所说的品牌传播的第一步：建立企业内部的品牌认同。很多企业老板认为品牌传播就是做广告，其实做好企业内部营销才最重要。没有企业内部的认同，企业也很难建立起品牌，如果连企业员工都不愿意购买自己的产品，也不愿意推荐给亲朋好友，怎能做好品牌呢？

企业内部认同，既包括在职员工的认同，也包括企业合作的经销商、供应商的认同，还包括这些人朋友圈的认同。正知正行将之称为建立企业内部品牌认同的三大圈层，品牌宣讲、消费体验、标杆的示范带动是实现这一目标的主要手段。

二、重视品牌的细节

品牌的细节，既包括产品的细节，也包括品牌呈现的细节。

大品牌要注重气势，在市场上的表现要与自身的地位相匹配，它们不用担心细节，因为有专业的服务机构或团队完成。小品牌没有能力做气势，就要注重做气质，而气质体现在品牌的每一个细节。精致是一种态度，人们常说的“其某人活得很精致”，其实就是他很注重生活细节。

（一）要重视终端的细节

终端的细节包括产品的摆放、卫生，陈列的位置、排面，终端宣传物料的呈现、张贴，政策宣传单的设计制作，终端服务人员的职业素养，对客户承诺的践行情况等，终端细节靠团队的执行力，其后则是标准化的建立和实时的监督。

（二）重视传播物料的细节

小企业在品牌传播的不规范表现了它的随意性，广告画面设计粗糙没有质感；品牌信息随心所欲；广告语不断变化；品牌名称和 LOGO 在应用中没有规范；位置随意放、颜色随便调、大小不统一；有时候为了版面随意变形等，这些都是不注重细节的表现，消费者一看就知道企业不规范，是小企业的行为，这样的做法如何能建立企业的品牌形象？

（三）重视每一次曝光机会，做到品牌的完美呈现

大品牌有钱做传播，关注度高，曝光机会多。小品牌则不同，企业要重视在品牌传播中的投入，力所能及地加大对品牌的传播和推广的投资，更要重视品牌曝光的机会，不管是做路演或者终端推广，还是展开经销商会议，或者是与合作伙伴往来文件的板式等，都应该重视，这些都会对品牌印象的形成产生影响。

在为绿宝露做战略规划时，正知正行强调品牌的细节，尽管没有资源支撑企业大规模投放媒体广告，但是品牌细节的完美呈现，同样为企业赢得了声誉和口碑，不仅让合作伙伴看到了企业做品牌的态度，也让消费者认可企业在做品牌，而不是模仿和拼价格，因此成功地建设了品牌。

三、要高度重视品牌的知名度

恒源祥曾经在央视投放过一则 5 秒广告，画面只有一只卡通小羊，

广告语是："恒源祥，羊、羊、羊。"这是一则被很多广告专业人士评为过于简单的广告，却很有效果。

它提升了产品的知名度，广告强化了消费者对品牌的记忆，虽然像产品、品牌价值、差异化、品牌文化等都没有，但是，这些都没有影响恒源祥的品牌建立。

在当前的市场环境中，一定程度上，做知名度可以跟做品牌直接画等号，品牌农业也是如此。知名度意味着熟知，消费者更倾向于选择自己熟悉的品牌，尽管他可能只知道品牌的名字，对产品和企业也可能一无所知。知名度也意味着影响力，它能够引导消费者的从众购买行为，消费者通常会这样理解："这么有名的品牌，产品质量肯定也很好，一定有很多人在用，否则企业不可能做这么大，大多数人都在用的产品就不用担心质量问题。"当然，高知名度也意味着消费者愿意接受更高的产品价格，因为产品是名牌，消费者可以用来彰显自己，获得心理上的满足。

有人可能会说："这算什么逻辑。"但这就是事实，你是什么不重要，消费者认为你是什么很重要。但是，实施品牌化经营的农业企业却很少重视这一点，他们可能认为拿地很重要、上设备很重要、产品包装很重要、产品的品质也很重要，品牌只是一个名称或者符号而已。所以，打造品牌的知名度不仅与企业的资金能力有关，与企业的品牌意识和对品牌的理解也有深层次的关系。

四、理清品牌背后的价值逻辑

提升品牌的知名度很重要，但是真正打动消费者的是品牌名称背后所包含的品牌信息，这是品牌要传播的内容。通常情况下，这些信息会以品牌 slogan 或一组品牌卖点的形式在品牌广告或包装上呈现，或者以新闻、软文的形式在媒体上呈现。如何去提炼、梳理并规划组合这些信息，实现品牌与消费者的沟通并引导消费者购买是传播的关键。

要做好这一点，正知正行认为要深刻认识以下几方面内容。

（一）要遵循品牌认知的价值逻辑

品牌应该传播什么，不是依据企业老板的个人喜好，也不是产品的所有优点，而是品牌的核心价值，是为了赢得竞争。

根据正知正行多年的品牌实践经验发现，消费者对品牌的认知要分阶段完成，我们将这个过程分成了三个阶梯，代表着不同阶段的品牌传播目的和内容导向。

第一个阶梯：产品认知阶梯。这是推动消费者尝试消费的阶段，具体内容包括产品品类、品质、特性、功能、益处等，可以从产品的功能、工艺或者企业的实力等不同角度分析，但目的都是让消费者认知产品。

第二个阶梯：品牌情景阶梯。主要是为了培养品牌的消费习惯，具体内容包括品牌的角色、消费时间、地点、场合等，要让消费者看到品牌时，快速联想到这些内容，或者一旦消费者处在这样的情境中，就能快速联想到品牌。比如，巧克力和情人节这就是消费场景和品牌联想的结果，德芙巧克力就是代表品牌。

第三个阶梯：精神价值阶梯。这是建立消费者品牌偏好和培养消费者忠诚的需要，具体内容是品牌所带来的符号意义和情感价值，比如，宝马汽车是成功人士的身份标签，百事可乐的年轻时尚精神等。每个成功的品牌都需要有鲜明的个性和独特的精神价值。

在实际操作中，不管是广告、公关还是推广活动，或者是具体的传播物料，在品牌价值的呈现上都应该遵循这一逻辑，也许会同时包含这三个阶梯内容，但必须有所侧重，侧重什么则需要根据品牌市场周期、品类成熟度做出选择。

（二）简单、直接是第一原则

在信息时代下，消费者被各类信息包围和轰炸，对品牌的认知处于混沌的状态之中，导致他们会偏爱某种产品且频繁更替。所以在传播中，品牌信息必须做到简洁有力，而且内容聚焦，这样才有利于消费者记忆，才更容易打动消费者。

但是品牌包含的信息往往具有多面性，所以必须根据品牌的核心价值和竞争需要进行提炼和总结，这是对信息进行取舍、精练和升华的过程。在这个过程中，很多企业也容易陷入混乱，它们往往觉得什么信息都很重要，既想宣传产品、生产技术、工艺，也想兼顾传播企业文化等，所以通常就会把所有信息简单堆砌在品牌或广告上，结果如何呢?在混杂的信息中，消费者既抓不住核心信息，也浪费企业资源，品牌价值也没有形成。

很多中小企业在传播品牌的时候经常遇到上述问题，需要谨慎处理。

（三）持续专一的聚焦，才能做深做透

形成了简洁有力的品牌信息之后，还要继续在实际品牌传播中坚持这些原则，在实践中长期积累。经常改变品牌信息难以形成品牌价值，很多时候大企业也会遇到这个问题。比如，恒大冰泉在刚上市时，声势浩大，但是品牌传播内容迅速变化，在一年之内改变了四次，一是“黄金水源，深层矿泉”，二是“一处水源供全球”，三是“美丽其实很简单”，四是“天天饮用，健康长寿”，除了让消费者觉得品牌很高端外，也没有形成清晰的品牌价值认知。

五、主题化传播，立体化信息呈现

品牌在计划实施品牌传播互动时，一定要拟定清晰的传播主题。品牌传播主题的拟定要根据品牌传播的目的，围绕品牌的价值逻辑展开，具体形式则需要结合所选择的媒体和传播推广资源。

为了实现传播推广，在内容传播到位的同时，企业还必须实现构建

立体化的品牌信息，在不同的媒体或传播平台上围绕主题展开传播活动。

例如，脑白金在品牌上市初期，一方面，通过电视媒体，重点传播“今年过节不收礼，收礼还收脑白金”的广告主题，为了告诉消费者购买脑白金的用途及购买目的。另一方面，为了配合这一主题传播，企业还通过大量的报纸、杂志等平面媒体，结合终端人员的推介，重点传播脑白金的产品功能，比如，改善睡眠、治疗便秘、提高免疫力等，全方位引导消费者购买脑白金。

红牛饮料在筹备上市阶段，一方面，品牌传播坚持“困了累了喝红牛”和“汽车要加油，我要喝红牛”等主题，另一方面，通过平面媒体和终端推介告诉消费者产品含有维生素、牛磺酸等矿物质，具有提神功效，以支撑品牌的主题诉求。

六、“快”是品牌农业制胜的法宝

喜欢武侠小说的人基本都读过金庸和古龙的作品，金庸善于对武功招式的描写，每一个招式和动作都描绘得栩栩如生，让人浮想联翩。古龙则不同，他从来不描写武功招式，他认为：“天下武功唯快不破”，他描写小李飞刀的片段，最令人印象深刻，没有人看见他的刀在哪里，也没有人看见他出手，但是刀已经在对方的喉咙上了。这一点在金庸小说中也有描写，《倚天屠龙记》中张无忌在光明顶上也是靠“快”打败了少林高僧龙爪手。

“天下武功唯快不破”，品牌资源也要先下手为强，快是为了抓住市场时机，更是为了抢占品牌资源，率先用品牌占领消费者的心智。

选产区、选品类、选战略产品，只是做品牌的第一步，不是品牌拥有了这些品类和产区，实施了品牌化包装就等于在消费者的认知中占据了这些资源。除非是企业实现了对产区或品类资源的垄断，否则就必须快速用品牌占领消费者的心智，即把品牌做成消费者对该产区或品类认知中的第一或唯一，让品牌成为消费者在该产区或品类中的首选，这样才能有效地发挥产区和品类资源的价值。

如果不能快速地抢占品牌资源，快速赢得消费者的信赖，所有的前期努力都将功亏一篑。

第三节　学会互联网营销

互联网技术的应用标志着第三次工业革命的开始，在这场去权威化、去中心化、个性空前解放的革命中，旧日形成的经验与传统的思维成为我们面临的最大挑战，改变与颠覆自我，成为我们向往未来的唯一理由。

互联网是什么？互联网是一种连接工具，它正在改变社会连接方式，重塑或颠覆传统的商业模式和商业价值。几年前，“互联网＋”还是一个行业术语，如今已经成为随处可见的名词。对很多传统企业的管理者来说，“互联网＋”是既新鲜又困惑的概念，新鲜是每天都有所谓成功的案例出现，好像各行各业各领域都在借助互联网发生着深刻的变化甚至是颠覆，困惑则是不知道自己该如何操作，即使做了积极的尝试付出了很大的代价也是收效甚微，互联网忧虑症也由此而来。

目前，有不少传统企业的管理者对“互联网＋”的理解还只停留在网络广告和把产品放到网上销售的初级阶段，停留于此的企业并没有完成企业的升级改造，随着市场的变化，最终难逃被淘汰的命运。阿里巴巴副总裁曾鸣在谈传统企业互联网化时提出三步走的战略，第一步，即在线，把公司的所有环节都集中到互联网上；第二步，形成企业与客户间的实时互动，随时掌握客户的反馈；第三步，以互联网技术重构与上下游企业的关系，优化产业链，甚至可以跨界，将看似无关的业务组合起来，创造新机会。

对品牌农业来讲，全产业链经营的互联网化还需要不断探索，但是利用互联网做品牌、做营销却刻不容缓，尤其要重视移动终端的力量。根据尼尔森2016年发布的公开数据揭露了以下两方面的信息。

第一，相较于2014年，2015年电商销售增长了23%，现有83.4%的消费者会通过移动终端上网，该比例已经超过PC端的上网人数。不仅如此，2018年会有更多的移动手机用户，将从5.2亿增长到7亿，同时使用移动终端购物的消费者也会大幅增长，预计达到48%。同时，移动终端还是许多消费者寻求建议和交流的途径，朋友推荐是消费者线上购买的主要因素之一。

第二，如何发挥线上与线下的资源整合优势？为此，很多企业正在努力探索。数据显示，71%的消费者使用过O2O服务，其中，97%的消费者愿意在接下来的6个月中再次使用或尝试更多的服务，但是很多品牌在喧嚣之后消失或被遗忘。

一、互联网营销正当时

小米手机是互联网营销典型的成功案例。2011年年底，小米手机正式上市，第一年就实现了126亿元的销售额，小米变成社会热点话题。第二年实现了316亿元的销售额，如今，小米的销量依然保持着强劲的增长态势。

在品牌农业领域，2013年，有一个“橙子”在市场上吸引了所有消费者的眼球，它借助互联网的力量迅速红遍全国，曾创下日销近30吨的奇迹。时至今日，传奇仍在继续。这个“橙子”就是被人们称为励志橙的“褚橙”。关于褚橙的成功案例，媒体已经做过很多报道，这里不再赘述，总之，这个橙子成功地俘获了消费者的心智，一夜之间覆盖了全国销售市场，随之而来的柳桃和潘苹果也学习褚橙的品牌建设方式，在全国市场上迅速推广。

随着小米手机的成功，互联网思维开始盛行，并且快速蔓延到营销领域，传统行业也纷纷运用互联网思维，比如，统一的“小茗同学”（饮料）、雕爷牛腩（餐饮）、皇太极煎饼等，都是在互联网思维下创新发展起来的品牌。

什么是互联网思维？就是互联网的应用原则或逻辑。雷军是互联网思维的形象代言人，他提出了互联网思维就是“专注、极致、口碑、快”。在此基础上，又有很多人结合自身的实践经验对互联网地位做了更多的解读，现在关于互联网思维的概念已经很多，如果全部搜集起来，要写出几本书恐怕也不是难事儿。

对此，我们可以不做理论上的分析，但必须要学会应用，对品牌农业来讲，学会互联网营销更是必备的功课，这是市场发展的需要。

二、无传播不销量

用互联网做营销，要以品牌传播为目的，没有传播就没有流量，导致无法形成影响力，也难以实现销量的增加。

互联网是工具，它的本质是实现人与人之间的无障碍互联，靠人性驱动实现信息的快速传播和价值转化。那些简单在品牌名称上向互联网文化靠拢，用网络语言或网络符号对品牌进行传播，与消费者进行沟通的行为，只是抓住了互联网思维的表象，并没有引发主动传播品牌的行为，也难以实现销量的增加。

要想引发品牌的互联网传播，需要有一个精彩的故事，“褚橙”成功的核心就是褚时健的传奇故事。通常来说，“励志类”和“情感类”的故事更容易引起公众的共鸣、引发主动传播。

如果没有精彩的故事怎么办？那就暂时忘掉产品是什么、忘掉销售目标，想想怎么才能与顾客拉近关系、让大家关注产品，解决了这个问题才有可能实现品牌的传播，增加产品销量。

三、无体验不品牌

今天，几乎所有的品牌都在谈体验，但体验是什么？它不是单纯的产品体验，更包括服务的体验。三只松鼠能够成功，真的是靠产品制胜吗？非也，它靠的是服务——购物过程的服务体验、产品细节的人性化体验，“产品服务化”“服务人性化”是三只松鼠对互联网“极致”思维的成功演绎。

四、从 O2O 到 O+O

O2O 是从线上到线下，“O+O”代表的则是线上与线下的整合优势。

互联网最大的特点是“快”，产品更迭快、传播速度快、被遗忘的速度也快、在互联网上忠诚度低，品牌很容易消失并被遗忘。尤其是在互联网营销惯用的“免费”和“低价”引流策略的影响下，已经培养出一批“贪便宜”的顾客群体，哪有便宜他们往哪跑，而且还对企业提供的“免费”享用得心安理得，他们是网上活跃度最高的消费群体，对品牌缺少忠诚度，对没有品牌力的农产品更是如此。

所以，在运用互联网营销之前，一定要考虑消费者体验完“免费”服务之后，应该怎么应对接下来的销售压力。

第一，要考虑好话题传播的持续性，做好变化或升级的准备。

“褚橙”最早传播褚时健的人生经历，随着这个故事渐渐降温，又对故事内含进行了提升，用“人生总有起落，精神终可传承”把“褚橙”上升到“励志橙”的高度。赋予了品牌丰富的精神价值，让品牌更具核心话题和传播价值，品牌价值也被放大了。

第二，在品牌传播的同时，需要把消费者引流到企业可掌握的平台上，企业通常会忽视引导消费者，并没有进一步考虑把消费者引流到企业可掌握的平台上。平台思维是互联网时代下的产物，在传统媒体时代受传播工具的限制，企业只能依赖渠道和市场调研与消费者进行沟通，依赖大众媒体对消费者进行传播，很难掌控可以聚合大量顾客并实现随时沟通的平台，但是有了互联网之后，这一目标就变得非常容易实现。

平台，可以是一个网络社区，比如，小米手机自建的小米社区；平台，也可以是一个网店或网站，比如，“褚橙”最初引流的平台就是“本来生活网”，包括后来的京东和淘宝店；平台，还可以是某个线下组织或实体店面，比如，某俱乐部、某品牌专卖店专柜。

重要的是，企业要考虑把消费者引导到这些平台上，并用品牌价值和产品品质把他们留下来。

第三，对大多数企业来讲，在做好互联网传播和推广的同时，还需要加强线下渠道建设，一边提升品牌影响力，一边从线上向线下渠道引流，在线下渠道强化与消费者沟通、强化品牌体验，培育消费者的忠诚度，通过多渠道快速消化品牌的传播效应。

五、低门槛与高标准

互联网媒体操作门槛低，创新空间大，传播形式多，但是要真正做好互联网营销并不容易，它不仅需要创新思维，还需要企业资源能力，两者同等重要。

（一）首要的是在内容和形式上做创新、找突破

以微博、微信为例，它们是生活中最常见的网络社交媒体。很多企业都开通了官方微信、微博，也有专业的人员做内容运营。但是我们发现大多数企业就是在浪费资源，因为他们根本没有掌握微博、微信的传播方法，简单地把企业的品牌信息放到平台上推送出去，这样做其实没有效果，因为这些企业的思维模式与传统媒体运营思维一样，把内容做得过于官方，不仅没有价值而且还很乏味，怎么可能会有好的传播效

果。最终，消费者依旧只有企业员工和经销商，每期内容也只有这些人在看、在转，这种情况，就算是再小的资源投入，也是一种浪费。

一定不要过度吹捧“得粉丝者得天下”，用钱买来或者靠奖励吸引的关注量，大部分都不会互动，也不会传播品牌信息，他们不会为企业创造并带来价值，互联网营销也要注重精准度。

（二）必须考虑企业资源支撑力

“褚橙”的好故事本身是一种稀缺的资源，因为褚时健的人生故事不可复制，也很难杜撰，其后如法炮制的“柳桃”“潘苹果”，尽管用了“名人+公益”来讲故事，但是传播力和影响力都差了很多。“褚橙”之后，无论是本来生活网还是当初“褚橙”项目的操盘者，也难以做出超越“褚橙”的案例，这是不争的事实。

另外，在“褚橙”看似一夜成名的背后，其实也靠操盘者的诸多付出和多方资源聚合。本来生活网之所以能把“褚橙”做得这么好，除了故事好外，与项目操盘者胡海卿的职业出身也有很大的关系。胡海卿是记者出身，之前在做高端商务人士专访，具备新闻人的敏感度，能发现故事卖点也会选角度，再加上他之前积累的媒体朋友和高端商务人士资源，众多资源的整合造就了褚橙的传播效应，即知名媒体牵头报道、线上线下媒体接力转载、商界名人网上点评转发，最后引发成社会性大众化传播。

不为人知的是，前期为了吸引关注和调动传播，在 2012 年年底，胡海卿利用自身的人脉关系，和团队一起带着“褚橙”参加了北京的多家企业峰会，比如，《中国企业家》年会、《21 世纪经济报道》年度峰会、《创业家》杂志黑马年会、《中国新闻周刊》年度影响力人物评选等。在企业峰会上，他都争取到主办方的同意，在开场播放了 1 分钟的视频，讲述“褚橙”的故事。

企业峰会的传播力量千万不容忽视，它聚集的是全国知名的媒体人和有影响力的企业家。通过这些推广，5000 多位企业家看到了褚橙的故事，被褚时健的故事打动，这是褚橙故事能够引发连锁传播效应的基础。

六、社群和跨界是未来

社群是2015年很流行的一个概念，有人甚至喊出了“微商必死、社群电商兴起”的口号。何为社群？顾名思义就是社交群体，广义是指在某些边界线、地区或领域内发生作用的一切社会关系，它可以指实际的地理区域或是在某区域内发生的社会关系，也可以指存在于较抽象的、思想上的关系。此外，社群还可被理解为地区性的社区，用来表示有相互关系的网络，或者是特殊的社会关系。

俗话说：“物以类聚，人以群分”，这生动地说明了社群形成的基础，即拥有共同的价值观。身处社群之中的成员，存在着横向的交互关系，在交互的过程中，成员之间的联系愈加紧密。互联网的普及让人们以更加低廉的成本跨越地域的阻隔形成自己的社群。早期这种社群的存在往往是基于共同的兴趣、爱好，随着商业与社群间的联系日益紧密，围绕着社群形成了新的商业模式，该模式被命名为社群经济。社群成员之间的参与、互动、口碑营销，成为社群经济的基础，然后，电商为社群经济提供最终营销平台，因此，社群经济可以简单地表述为“圈层＋电商”。

（一）社群需要有主题

社群通常不以商业为目的，社群精神或社群情感维系着社群成员的关系，社群成员因为共同的兴趣爱好（读书会、粉丝团、摄影或户外群等），或者某种渊仰、某种缘源（同学会、老乡会等）自觉自愿组织到一起的，这个吸引成员自觉自愿参与的原因就是社群的主题。

为了清晰表达社群的价值，围绕社群主题，可以提炼出一句响亮的口号作为号召，比如，罗辑思维的口号：“有种、有趣、有料。”

（二）社群离不开灵魂人物

通常每个社群都有一个或几个具有号召力的灵魂人物，除了组织线上交流外，成员之间在线下活动也依靠他们组织。所以，社群组织具有相对稳定性，容易在内部成员之间形成相互影响，如果品牌能够在社群中产生口碑，就很容易影响到所有社群成员，并最终形成品牌的忠诚消费群体。

从全国范围看，罗辑思维的社群运作比较成功，它是目前影响力较大的互联网知识社群，拥有微信公众订阅号、知识类脱口秀视频及音频、会员体系、微商城、百度贴吧、微信群等多种具体互动形式。罗辑思维倡导独立、理性的思维方式，推崇自由主义与互联网思维，凝聚爱智求真、积极上进、自由阳光的年轻人，可谓是国内社群营销的典范。

最初，罗辑思维以知识分享方式出现，但是为了生存，它也正在探索维持运作的商业模式，比如，卖书、卖米、卖月饼、卖演讲等，它正在积极地尝试。当然，我也是罗振宇的粉丝，虽然没有贡献太多销量，但是对罗振宇的知识分享心存谢意，深受罗振宇敬业精神的影响。

但是，受限于我个人的研究领域，目前对社群的研究还相对欠缺，不过，利用这种方式影响消费者，我比较认同。

（三）如何玩社群做营销

如果按照罗辑思维的模式和标准来运营社群，对企业的能力和资源要求很高，一般的个人或企业做不了，但是可以借鉴和学习。

小米社区与罗辑思维公益方式的定位有所不同，它是为了小米手机的销售而建立的，强调用户的参与，通过参与满足成员自我表达的欲望并实现其自我价值，然后获得高性价比的产品回报，小米也通过社区做出了品质、做出了口碑、达到了传播效果。

无论是选择罗辑思维的模式还是小米社区的模式做社群，其实都不重要，真正重要的是背后的驱动因素。一是构建平台，小米运用跨媒体平台，罗辑思维则立足于微信，在视频网站上提升自己；二是通过推动了企业人格化，让营销变得鲜活而有趣；三是个人粉丝和潜在客户的高度重叠，个人变成品牌的核心凝聚力。通过观察这两种模式，我们可以发现共同的发展趋势，就是人格化的社群已经超越了“技术平台”浪潮的垄断，让“自由人的自由结合”成为可能。

在农业品牌领域，印耕农业也尝试利用社群方式传播品牌，并且取得了一定的成效，印耕农业与童军联盟如图 8－1 所示的合作，成功地实现了跨界合作。

图 8－1　童军联盟

在实际操作中，因为企业自建社群的难度比较大，可以通过跨界合作，借助成熟的社群做品牌，品牌农业可以与亲子俱乐部、车友会、社会教育机构等进行跨界合作，如果合作优选到合作方法，将会有效地带动品牌的传播。

七、传统营销思维不能丢

如果你经常参加互联网营销论坛或分享活动，或者经常阅读相关互联网营销的文章或书籍，就很容易以偏概全地理解营销，忽视传统营销思维的价值。我曾经在参加了一场互联网营销的论坛之后，感慨地跟朋友说：“听完这场论坛，就觉得自己对于传统营销所理解的东西全都不能要了。”朋友也表示深有同感。但是事后想想，任何一个所谓成功的互联网营销案例，如果真的撕开那些华丽的互联网概念和词汇，从本质上分析，依然没有脱离传统营销思维。

传统营销思维是基础，它与互联网思维的迭代融合才会产生更大的价值。

很多在互联网上成功的品牌，尽管高举着互联网思维的旗帜，但本质上还是依靠传统营销思维。褚橙也需要品牌定位，它也需要塑造品牌的差异化价值，也在认真研究和运作渠道。褚橙讲故事的手段，在传统营销思维中也一直被推崇，只不过是借助互联网传播工具，快速实现了大众化的传播效果，通过互联网平台，实现了最大的销售额。

第四节　打造团队执行力

最近为公司招人的事儿苦恼，虽然来应聘的人不少，但是找到合适的人太难了，有小明这样的员工，都算是捡到宝了。那天小明又来找我谈工作，顺便谈了一些关于最近招聘的事宜。

“领导，刚才我听办公室的打电话约人面试，结果快气爆了！”

“怎么回事？”

“电话已接通，应聘者不问岗位就问工资，问完工资之后是五险一金，办公室刚想问他的专业和简历，结果对方说公司离住的地方太远，就给挂了！”

“小明，像你这么优秀的员工已经越来越少了，好好努力！”

“好的，领导，我想跟你商量一下，能不能给我涨工资，小蔡想结婚了。”

“好呀，小蔡要跟谁结婚呀？别人的事你就别操心了，对了，小明，客户的方案做得怎么样了？我想看看。”

“领导，我说的是工资的事儿！”

“正好你提醒我了，上个月你迟到两次、请假一天应该扣500元，回头我会把这钱当奖金发给你。”

“哦，谢谢领导，我赶紧去写方案了。”小明转身出去了。

在品牌农业领域，多数企业的销售队伍规模小，人员素质参差不齐，执行力差，不仅中小企业如此，很多大企业也面临这样的问题，老板常常感慨：“现在的销售队伍不行啊，招到合适的人太难了！”

事实确实如此，而且短时间内也难有改观。

不仅是在营销层面，对农业企业来讲，前端种植、养殖环节的技术和管理人才、与社会资源对接的优秀人才也是捉襟见肘，目前此项工作大多是由老板承担，这无形中制约了企业运营效率甚至是企业的发展。

我们以销售人才的缺失为例进行说明，对那些整天忙着跑资金、跑政策，忙着找路子、找关系的老板来讲，有多少人认真思考过这个问题，尽管问题很明显，自己也不满意，但真正重视这个问题的老板并不多。

目前，中国确实存在用工荒的问题，不是人不好招，是合适的人太难找，合适又能踏踏实实跟着企业一起干的人更难找。然而，这不是农业企业独有的问题，而是普遍性的社会问题，只是在农业领域表现得更为突出，因为农业的品牌化经营刚刚起步，从业人员数量少，有成熟经验的人更少，加上受整个用工环境的影响，问题就更加凸显。

对于社会上存在的问题，依靠企业或个人难以解决，但是企业可以通过改变自己的用人方式，避免受这个限制性因素影响。

为什么这么说？因为我们看到，尽管现实存在招人难的问题，但是企业自身的问题才是根本，它让企业招到并留住优秀的人才变得更难。

一、企业没有愿景，团队看不到未来

愿景，就是企业的发展目标和战略方向。

说起愿景，很多人就会想到管理上常说的“用愿景留人”，道理大家都懂，很多人认为那只是理论。如果有企业真认为愿景可以留人，那一定要接着自问一句：“公司的愿景真的能留住人吗？”

很多人在选择工作时，除了考虑现实的收入外，更重要的是想找个有前景的公司，做的更长久，没有人愿意频繁地换工作。但很多时候，现实的收入问题容易解决，想长久做下去却不容易实现，不是因为工作不如意，就是看不到未来前景而主动放弃。

这就是很多企业留不住人的关键，尽管开出很高的工资，但是依然留不住优秀的人才。

对企业来讲，不仅要有愿景，还要衡量愿景实现的可能性，实现不了的只是梦想。有一个朋友曾经跟我讲：“现在很多老板都会讲故事，喜欢讲愿景，本来想用一个不切实际的愿景忽悠别人，但最后别人都没信，自己却信了，然后就开始在公司内按照这套逻辑大力推进”，结局可想而知，只能加快优秀人才离开的速度。

所以，愿景的可实现性很重要，要做到这一点，企业需要把握好以下几个方面的内容。

（一）企业要清楚行业前景跟公司前景是两码事

对品牌农业来讲，行业前景一直被看好，但是越来越多的企业却在为生计烦恼，这就是现实，为什么会出现这种现象？因为很多企业常常把行业前景和公司前景混为一谈，进而盲目乐观。

对任何行业来讲，机会永远都只留给有准备的人，有能力抓住机会，就能赢得市场竞争，没能力抓住机会，再好的行业前景跟你也没有关系，企业照样没有前景，甚至会在竞争中衰亡。

所以，不要简单因为行业前景好就去选择做某件事情，而是要充分考虑自身能力能不能应对挑战、抓住机会，定位自身能力，确立可实现的愿景，因为有能力抓住行业机会才能实现企业愿景。且不论这种能力是企业现实拥有的，还是能够通过外部资源整合获取的，或者是通过自身努力培养的，总之必须为你所用。

（二）根据企业发展阶段切分愿景，逐步实现

任何愿景一定要放到时间的节点上进行考虑，如果不能在时间上进行切割，并分步实现，就是虚无缥缈的梦想，是纯粹欺骗人的东西。企业可以有长远打算，老板会为了梦想坚持，但员工需要在短期内看到结果，找到成就感和获得利益。从员工的心理上分析，愿景的切割单位长则一年短则月余，如果切割时间过长，就会影响员工的士气和信心。

有了小目标，才可能堆积出更大的企业愿景。

很多企业对外宣称："我们要做某某品类的老大，我们要成为某某行业的第一品牌。"可以对外宣称这些伟大的愿景，也可以对内谈理想，但千万别太认真，先问问自己凭什么、怎么才能做到老大或第一，因为这个领域没有老大、没有第一吗？因为你发现了这个机会吗？还是你更有能力更懂得坚持？

二、企业平台不够，留不住人

我的一位朋友，曾经是某知名企业的分公司总经理，他在这家企业任职十余年，无论是做新市场还是老市场，做新产品还是老产品，业绩都非常突出，所以从基层业务员做到了分公司总经理的位置。当然，他的个人能力和工作努力的程度在圈内有口皆碑。

就是这样优秀的人才，在离开这家知名企业之后，先后进了几家中小企业担任销售总监，但结果都不尽如人意。

从在职时间看，他在后来几家企业的在职时间多则一年，少则三个月。从销售业绩上看，最好的能持平他在之前的业绩，最差的还出现了成本增加业绩下降的情况。

很多中小企业老板在引入职业经理人时，都会遇到这种情况，甚至他们还感觉到，这些花高薪从大企业请来的高手，还不如那些当初跟着自己摸爬滚打，而自己却对他们的能力和素质不太满意的老员工更能出业绩。

是他的能力有问题吗？是他的努力程度不够吗？还是他水土不服？其实都不是，原因恰恰在于公司的平台不够，这是很多中小企业花大价钱从知名企业引进人才之后，却不见效果的关键所在。

我们认为，任何个人的成功都是平台和个人能力共同塑造的结果，再优秀的个人，离开平台也难有好的业绩表现，“巧妇难为无米之炊”，说的也是这个道理。

说起平台，很多企业老板可能会说：“我给的平台很好，这么高的工资，这么大的权力，想找什么样的人才都支持他，难道这还不够吗？能给的都给了，还需要我怎么做？”

其实，你能给的还是不够。

所谓平台，除了人、财、物等硬件资源外，更重要的是软件资源，比如，企业的产品力、品牌力、团队素质、管理水平等。其中，企业的品牌定位、营销战略就是关键的平台内容，既包括企业的发展方向和发展路径，也包括企业营销的策略和方法，这些内容决定着销售工作应该怎么做。

优秀的职业经理人能够把人、财、物用好，能够把企业优势资源发挥出来，对软件资源的缺失，他们也无能为力。因为在他们过去的成功经验中，诸如产品研发、品牌定位、广告传播、销售策略等都由专业的人员和团队完成，他们的工作主要是带队伍、做渠道、做销量，企业不能指望靠一个人的能力来解决公司发展平台的问题，这是老板的事儿。

因为平台的制约，使得这些人才的能力得不到充分发挥，影响了业绩，也降低了他们存在的价值，最后大家只能不欢而散。

对企业来讲，如果已经解决了核心人才的问题，第二步就得考虑平台建设，要用专业的人做专业的事，把事情做到位，从外部资源整合到内部团队培养，从品牌策略规划到系统解决营销的问题，以便让人才的价值得到有效发挥，很多企业都是败在了这一步。

三、团队缺少灵魂人物带领，没有凝聚力

俗话说："火车跑得快，全靠车头带。"

一个有战斗力的团队必须要有灵魂人物带领，之所以称之为灵魂人物，是因为无论是工作上（靠行政力量）还是工作外（靠情感力量），他都具备团队号召力和影响力，无论是具体行动还是提供思路方法，他都能很好地指导团队，带领大家往前冲。同时，灵魂人物还要有自己独特的人格魅力。

很多老板把企业发展寄望于优秀的职业经理人，但都不太成功，除了平台制约外，关键是职业经理人在企业内没有影响力，对企业内外部资源的协调能力不足，加上企业给的试错期太短，过于急功近利，最后导致个人和团队的失败。

也有一些老板会用人唯亲，让信得过的人带队，这种情况会好于让职业经理人领队，专业和能力不重要，关键看人品正不正、能不能为了企业全力以赴。

对创业期和成长期的企业来讲，最好是由老板亲自带队或是公司的股东带队，哪怕是专业能力不够，成功的概率也会非常高。

首先，老板或重要股东对企业负有责任，愿意付出；其次，老板具备决策能力和承担风险的能力，敢想敢做；最后，老板有权力有人脉，在内外部协调和资源调动上有着不可比拟的优势，这都是其他人带队所不具备的。

有了愿景，搭建了平台，再有灵魂人物的带领，团队就有了凝聚

力，战斗力也会很快形成，销量也会增加。至于管理是否规范、制度是否完善，在团队初建期其实并不重要，可以在品牌建设的过程中慢慢完善，重要的是要保持战斗力。

案例七　一枚用互联网举起的栗子

2014 年 11 月，李克强总理出席首届世界互联网大会时指出：“互联网是大众创业、万众创新的新工具”，而“大众创业、万众创新”正是此次政府工作报告中的主题之一，被称作中国经济提质增效升级的“新引擎”。2015 年 3 月 5 日上午，在十二届全国人大三次会议上，李克强总理在政府工作报告中首次提出了“互联网 +”行动计划。随之，“互联网 +”成为一个社会化的概念，从政府到企业再到个人，一时间全民都在谈论和践行“互联网 +”，泥沙俱下之势，“互联网 +”也成了一个投机领域，有的是在实实在在做事，也有的是在拿“互联网 +”当幌子，包装自己欺骗别人，这种情况很难避免。

举个栗子是属于实实在在做事的企业。举个栗子是什么？举个栗子是一家专门销售栗子的连锁门店，招牌是糖炒栗子，夏季有冰栗和烤栗，冰栗是“冰爽健康”，烤栗是“外焦里糯”。

第一次知道举个栗子，是因为某天跟妻子一起逛万达，看到很多人在排长队买栗子如图 8 – 2 所示，我当时还跟老婆说：“这估计是找来的托儿吧。”没想到妻子却说：“当然不是啦，好几次我排队都没买上呢！”

第二次是在一次朋友聚会上，无意间跟一位做电商的朋友提起举个栗子，没想到这位朋友说：“你说老乔呀，我们很熟的，他做举个栗子的过程我比较清楚。”就这样，通过朋友介绍我认识了老乔，也开始对

图 8－2　举个栗子

举个栗子有了更深的了解。

一、小尝试试出大梦想

举个栗子的创始人乔志忠，1988 年出生，圈内人称之为“乔帮主”。乔志忠因为从小喜欢魔术，大学毕业之后一直在这方面寻找创业机会，也做过很多尝试，但是因家事不得不从石家庄回到老家山西介休，也终止了他在石家庄的创业之路。回到老家之后，乔志忠一直就在想着要做点什么，而且这个事还得家人能帮衬上。反复思考之后，他决定开一家糖炒栗子店。为什么选择做栗子？其实还有另一个重要原因，就是他之前认识卖栗子的，知道卖得还不错，再往远处看，全国人都有吃糖炒栗子的习惯，好像市场也很大。

就这样，2013 年 9 月，第一家店在介休开业，因为服务好、品质把控好，新店一开张生意就不错，单店单日销售曾经达到 8000 元。正是这次成功的尝试，让乔志忠萌生了把糖炒栗子作为创业的念头，有了这个念头之后，乔志忠再次离开介休回到了石家庄这个他曾经求学和工作过的地方。经过一番谋划，于 2014 年 10 月组建了“栗子帮”团队，开始在石家庄开店，用了一年半的时间，店面数量增加到了 21 家，并且在郑州、成都等地也实验性地开设了分店，更重要的是他一直保持着良好的盈利，这一点对很多创业者来讲都难能可贵。当然，这时候乔志忠也成了大家眼中的“乔帮主”。

举个栗子是乔志忠的梦想，他想未来在石家庄开 100 家店，3 年内把举个栗子做成全国领导品牌，他觉得自己有能力做到，市场也存在这样的机会，他更大的理想是把糖炒栗子这种中国传统小吃推向世界。

举个栗子也是“栗子帮”团队的梦想，是团队的核心竞争力，他们有着相同的梦想，是举个栗子价值观的传递者和优质服务的提供者。目前公司的 36 名成员中，50% 曾经是举个栗子的顾客，后来加入了栗友会，接着成为举个栗子的合作人。“开启梦想，共同成长”是举个栗子的创业口号。

二、如何践行互联网思维

对于做栗子，乔帮主的理解是：我们用降维思维。首先我自己是一个草根创业者，与赫畅（黄太吉煎饼创始人）、孟兵（西少爷肉夹馍创始人）、马佳佳（powerful 情趣体验店创始人）这些创业明星相比，我没有名牌大学背书，也没有知名企业从业经历的光环，所以必须要脚踏实地。我们选择的糖炒栗子又是中国最传统的小吃，如果能用一种全新的理念来经营它，效果自然也不会错。

其实在笔者看来，升维也好，降维也罢，都只是一种概念包装，企业在选择一个行业时，真正要考虑的是能不能重塑产品的价值，客户的满意度体验还有没有提升空间，这是最本质的出发点。

（一）用心做好极致单品

糖炒栗子是中国的传统小吃，要做好糖炒栗子就必须找到行业的突破口，这样才能找到提升方向。通过实际调查，乔志忠发现，除了口感外，品质不稳定、虫眼栗子普遍存在、内腐栗子多等，是产品存在的主要问题，而吃着麻烦、吃完了手黏则是消费过程中遇到的麻烦。

“有麻烦那就有生意”，这是电影《东邪西毒》里的一句经典台词。有麻烦就有提升的空间，这是举个栗子的思维。

为了做出极致单品，举个栗子坚持优选“京东板栗”产区中燕山东部产区的栗子，直接建立与种植农户的关系，定向收购。在原料层面上，为了确保原料品质，所有板栗都要经过三遍严格的人工筛选，把虫眼板栗或内腐板栗剔除掉，同时还大胆地给了消费者一个承诺：如果发现 3 颗坏板栗可以免费调换。在板栗炒制过程中，因为板栗大小不一，需要的火候也不一样，为了确保品质，每批板栗的大小必须均匀，为此举个栗子也制定了自己的标准：每公斤板栗的个数差别不能超过 3 个，未来的目标是 0 个。

当然，在制作工艺上，举个栗子也在不断进行改良和提升，为了培养客户黏性，公司专门成立了产品研发团队，每年对产品进行迭代升级，乔帮主说：“如果按照每年一款的迭代速度，我们目前研发出来的产品可以延续到 10 年以后。”

同时，为了提升消费者的口碑，举个栗子坚持只卖热栗子，就是刚出锅的栗子。如果出了锅，没卖掉怎么办？扔掉？目前，举个栗子还没有这样的实力，但是会按半价处理。

（二）用服务把客户变成朋友和伙伴

吃着麻烦和黏手是糖炒栗子消费过程中存在的问题，举个栗子就坚持为顾客提供湿巾纸，不用客户提示和主动要求。而且还在大力推广一种去壳工具“剥栗神器”，这也免费赠送，并且由店员负责向顾客讲解“剥栗神器”的使用方法。

在经营过程中，举个栗子是否也会采用目前惯用的储值会员模式来提高用户关系强度、增加企业的现金流，乔帮主说："我们目前正在考虑做会员卡，但不会采取储值模式，用储值的方式对消费者来讲是被动提升客户关系，消费者也不喜欢被强制要求储值，哪怕是用利益诱惑，我们的会员卡只是为了区分老顾客与新顾客，针对不同顾客提供不同的服务。比如，老顾客就不用再教剥栗神器的使用方法，新顾客就需要进一步教授，只是做好服务体验。"

（三）用好社交媒体

做互联网传播，掌握速度最重要，所以要用好微博、微信等社交媒体，通过这些媒体和消费者互动。对于微信内容，举个栗子从来不用物质鼓励消费者转发，重点是做好内容，让消费者觉得好玩、有意思才去转发。举个栗子的微信公众号目前已经积累了5万多的粉丝，一篇内容阅读量平均是5000次，达到1万次的也经常出现。

举个栗子是怎么做内容的呢？打开它的微信公众号就能发现其中的秘密——一是紧跟社会热点，二是做到好玩有趣。比如，2016年的情人节，就做了一期"比《美人鱼》更用心的表白方式"的内容，阅读量是7000+；在国家放开二胎政策发布之计，做了一期"栗喜，更多年轻人结婚新选择"，打出了"多吃栗子，早日立子"的口号，阅读量是12171；还有与消费场景结合的"举个栗子也来结婚了"、与母亲节结合的"母亲节，来举个栗子为妈妈寄明信片"等。

用众筹的方式开店是举个栗子的另一种互联网实践尝试，当初万达店在筹备期，仅用2个小时就筹齐了开店所需的资金。

三、"栗友会"的社群营销

栗友会是举个栗子的社群，由举个栗子团队和广大消费者共同组成，以"美食、公益、文艺、运动"等为主导，同时为栗友提供线上分享、线下聚会、栗友专项福利等。因为每一个加入栗友会的成员都是举个栗子的忠实消费者，所以对于举个栗子来讲，栗友会在经营中的价值就体现在"用户互动和提升体验"的层面，不断听取消费者最真实的反馈，不断改进产品。每次研发出新品，栗友会也是新品测试的主要阵地。最近一次的新品测试，就是由黑马会（创业社群）成员和 BSE 同学会（美国 BSE 企业家商学院）成员参加。

此外，更多栗友会成员的专享福利企业也正在谋划当中。

2015 年 6 月 28 日，举个栗子团队精心筹备 2 个多月，只有在高科技领域才能见到的高端主题发布会在河北人民会堂举行，会议主题是“一个卖栗子的互联网 + 实践”，主题设计很精妙。到场的栗友有 300 多人，来自全国各地，他们自费参加会议。会上乔帮主分享了自己的创业历程和实践心得，精彩之处更是掌声雷动。这就是举个栗子的互联网营销实践。

通过这个案例不难发现，要真正做好互联网营销，不是简单地推广概念，把营销的内容搬到互联网平台上就可以，而是要把互联网思维渗透进营销的每一个细胞。比如，举个栗子“草根型创业者”的自身定位，“乔帮主”的个人称谓，“举个栗子”的起名方式，“可能是最有趣的栗子店”的品牌口号，“小栗子大梦想”的宣传口号，“重新定义糖炒栗子，践行李克强总理‘互联网 +’的理念，打造全国第一个栗子品牌，弘扬中国传统小吃，与黄太吉一起实现中国梦”的标榜，召开“一个卖栗子的‘互联网 +’实践”这样高端主题发布会等。

在这个过程中，举个栗子始终把顾客放在首位，而没有用所谓的商业模式把消费者算计成赚钱的手段，举个栗子“做极致单品打造口碑，用服务提升用户关系强度，用梦想伙伴凝聚栗友”。这是乔志忠践行吉姆·柯林斯那句“为正确的核心价值观和使命感所驱使的人，所赚的钱比纯粹以赚钱为目的的人赚的钱更多”的经营方式，也是他推崇这句话的理由。

互联网思维的本质是口碑，互联网带来了传播方式的转变和选择方式的增加，因此互联网的本质也是人性。借助互联网工具，充分发挥人性的力量，实现企业的商业价值，这一点举个栗子做到了。

第九章

政府的推动力量

2015 年秋天，我和小明到黑龙江绥化市的明水县考察，正碰上黑龙江电视台的节目组到当地采访，借此机会，我们也了解了当地的基本情况。

考察完之后，小明感慨："真得感谢习主席，你看现在政府越来越务实了，真是企业之福、百姓之福。"

"是呀，那你给具体说说。"

小明看着我，很有兴致地说："以明水县为例，我觉得有两个方面：一是政府的管理职能发挥得很好，比如，在农业种植上，它通过发展多品类杂粮种植，减少本区域产品的同质化竞争；在品质管理上，提出了'1+7'的基地建设模式，这样不就可以实现产品品质的标准化了吗？二是服务职能发挥得很好，比如，它利用政府的公信力和资源整合能力，牵头引进蚂蚁金服新农贷等金融机构和各种形式的社会资本，来解决当地企业资金难的问题。还联合阿里巴巴率先启动农村淘宝，组织淘宝大学，帮助企业开发网上销售渠道等，做得都很好！"

"小明，你还挺有眼光的。"

"都是领导平时教导得好！"

"小明越来越会说话了，虽然给我了个高帽子。"

改革开放以来，中国在经济领域取得的成就已经让世界为之侧目，于是越来越多的西方学者开始研究中国的经济发展模式。

中国经济发展的模式与西方自由资本主义市场经济发展模式有所不同，中国特色社会主义市场经济充分发挥政府在经济发展中的作用，政府和市场共同协调资源配置，共同进行战略规划，中国特色社会主义经济发展模式被概括为"政府规划森林，让树木自由成长"。

同样，品牌农业的发展，不仅需要龙头企业的带动，也离不开政府的推动。

新一届政府不遗余力地推动经济与政治深化改革，改革的目的是进一步发挥市场的力量，强调市场在资源配置和产业发展中的主导作用，政府要充分发挥服务职能，这一方向无疑是非常正确的。

那么，在品牌农业的发展中，政府应该发挥什么作用呢？

从国家层面看，已经以政策的形式明确了农业发展的战略方向，提供了基本的政策支持和资源保障，扶持政策也进一步出台，接下来就是地方政府如何协同企业做好推进和落实了。

第一节　打造产业链生态

江苏无锡是中国最大的白酒包装生产基地。为什么全国的酒企都选择到这里做包装？因为它品质好、价格低。它为什么能做到品质好且价格低？因为它拥有完整的产业生态。以包装盒为例，包装设计、印刷、制版、模具等都由专业公司提供，手工制作分工细致但合作紧密。烦琐的分工和环节看似都需要高昂的成本，势必会增加成品价格，但是恰恰相反，企业通过细致的分工提高成品质量，且有效地控制成本，最终提升了成品的市场竞争力。无独有偶，深圳的电子制造业、福建的服装产业能够领先全国，也是依靠类似的分工和合作控制成本。

正知正行把同一区域、同一行业的不同企业分开经营所形成的产业分工与协作系统称为产业生态。目前，除了极少数区域已经完成了产业生态建设外，很多作为区域经济支柱的传统制造业正在面临着产业生态化改造的问题。例如，河北宁晋的婴童装制造业，由于当地产业生态不完善，企业的原辅料供应、产品设计都需要在区域外完成，严重影响了企业的产业链效率，导致产品生产周期过长，市场反应不灵敏，不可避免地使本地企业陷入同质化的价格竞争。

目前，中国的传统制造在全球化竞争中失去了优势，所以著名经济学家郎咸平教授说：“出路在于产业链的高效整合。”但是怎么整合？

怎么实现高效？正知正行认为，关键在于区域产业生态的建设。如果能够在空间上解决好产业链分工与衔接，在区域内形成完整的产业链配套，那么以时间为轴心的产业链效率就不会再制约企业的发展。

由于农业的产业链长，区域农业的发展更需要借鉴这种模式，在主导产业上实现不同企业的分工协作，提升品质并控制成本，提升产品的市场竞争力，这样更利于打造区域农业的竞争优势。

对大多数区域来讲，品牌农业刚刚起步，政府的推动力量正在发挥着关键作用，此时，政府应该推动“产业生态建设”，而不是靠复制已经过时的发展模式。当下更要把握时机推动区域农业的发展，避免区域产能浪费，避免企业形成大而全的模式，丧失市场竞争力，也要避免同区域企业相互竞争、内耗资源，最终可能会陷入同质化竞争。上述观点与当下品牌农业大力推行的“全产业链”运营的做法相悖，但是并不矛盾。从企业经营来讲，全产业链有现实存在的价值和理由，但是从推动区域农业发展的战略层面考虑，引导产业分工以做深、做专、做出竞争力来推动区域农业的产业生态建设则是长久之计。

农业产业生态的建设，除了要解决好交通、水利、电力等基础设施外，首先，还要考虑解决农业上游的农资产业问题，比如，种子、化肥、农药、机械设备等。其次，考虑解决农业科技产业的问题，比如，种植技术、养殖技术等，随着经营的不断推进，进一步推动农业深加工产业。最后是品牌、渠道等营销环节的发展，在这一过程中，政府需要做好科学的产业切割（分工）和生态规划。

政府要发挥好这一职能，需要在资源配置上有所侧重，在扶持政策上多做引导，明确招商引资方向，从外部资源整合上予以倾斜。同时，还要发挥好自身的监管职能，核心目的是实现不同产业分工企业的规范经营和对产品品质的把控。

对很多正在进行全产业链运作的企业来讲，从市场层面上必须推行全产业链运作，很多企业可能也是无奈之举。因为产业配套不完善，企业只能自给自足，无论结果如何，销售通道要先打通。

要实现区域农业的产业生态建设，除了政府的推动力量外，还要依赖企业之间的合作意识。从地域上看，南方企业的合作意识要略微优于北方企业，很多老板在企业的发展阶段就想独享利益，并且开始涉足相关领域，当某领域的发展优势在市场上凸显时，更多的企业就会快速复制成功企业的发展模式，最后造成区域内部竞争。例如，河北隆尧方便面行业、赵县梨汁行业等，都经历了这种情况。

统一区域内同类企业的增多，结果就是上游抢资源、中间抢人才、市场上争渠道和拼价格，虽然看似都在面向全国市场，但其实就是几家企业在区域内相互竞争，最后消耗了企业的资源，也没有形成竞争力。但是，也有成功的经验，华龙（今麦郎）在同质化竞争中获得优势，占据市场，形成影响力。然而当下的企业要在同质化竞争中突围，似乎越来越难了。

第二节　做好区域公共品牌管理

产区品牌是区域重要的资源，无论产区品牌是否已经进行商标注册，它都能让消费者快速识别品牌并选择购买，在这方面甚至优于企业品牌。产区品牌通常不属于某个企业，它是区域农业的公共资源，也是区域农业的声誉保障。

近年来，为了推动区域农业的发展，地方政府主导的产区品牌建设正在如火如荼地进行，经过包装注册之后，产区品牌正式变成区域公共品牌，打造区域公共品牌有益于企业的发展，区域内的企业都可以从中获益。但是，要运作好区域公用品牌，仅仅是注册品牌名称、设计 LOGO、规范的产品包装、对外发布品牌信息等，不足以支撑品牌运作。在实际运作中，要进行品牌定位、坚守品牌价值、规划品牌形象、传播品牌信息，才能做好区域公共品牌，实现区域公共品牌应有的价值。对此，正知正行认为要处理好以下问题。

一、要充分考虑品牌的认知基础

不是咬文嚼字，如果就品牌打造的意义来讲，正知正行认为，相比区域公共品牌，应更精准地表述产区品牌的称谓，因为“产区”代表着某种特有资源的概念，“区域”仅代表着地域的称谓。而打造产区品牌的意义在于占据消费者对该区域品牌的认知心智，而不是形而上学地用地域称谓去统领品牌，即应使消费者形成对该区域具备某项特殊的产品资源或品质能力的固有印象。例如，赵县的雪花梨、寿光的蔬菜等，这是产区品牌或者区域公共品牌存在的理由和价值。

所以，区域公用品牌的注册和包装必须要以消费者的认知为基础，一般是消费者对当地产品资源优势的认知，也是对当地某种特殊地理环境资源优势的认知。如果抛开这种认知，仅从地名上注册和包装品牌没有实际价值，而且严重浪费公共资源。所以，政府应实时监控农业品牌的发展情况，如果出现上述现象，就应转变投资策略，将公共资源更多地投入到能够推动农业发展的其他方面。

例如，“千岛湖”可以打造成区域公用品牌，因为它有独特的环境资源优势，而且消费者对此形成了固有的认知。“德州”也可以打造成区域公用品牌，因为它有“扒鸡”的产品优势，也已经被消费者认知。但是“聊城”就很难打造成有价值区域公共品牌，因为没有优势资源认知基础，做起来只能是牵强附会，不能带动区域产品走出去。

二、做好区域公共品牌的管理

要想实现产区品牌的价值，需要政府出面完成区域公共品牌的商标注册，在法律上能够保护品牌，但是也要注意以下几方面的问题。

（一）维护好品牌的声誉

区域公用品牌的所有者和使用者责任不一致，每个企业都愿意运用能够带来价值的公用品牌，但是应该由谁负责积累区域公用品牌的价值，由谁负责保护公用品牌的声誉及应该如何负责……我们可以看出理清责任与管理品牌的难度相当大。所以，无论政府还是企业，都必须考虑区域公用品牌一损俱损、一荣俱荣的风险。例如，“好客山东”是山东旅游局花费巨资打造的区域公用品牌，但是因为一只虾让品牌蒙受损失，同时，也会影响消费者对其他使用“好客山东”品牌的企业的信任。

对企业来讲，依然需要考虑建设自有品牌：一方面，能够打造自身品牌的个性；另一方面，建立自身的品牌识别，积累品牌的声誉。

在使用区域公共品牌时，可以借鉴国外的成功做法，但是企业仍然主要突出自己的品牌名称和个性特征，对区域公用品牌除了名称或 logo 标注外，重点要体现产品的品质分级管理。这样才能体现企业市场竞争的主体性，更好地满足消费者的需求。

（二）考虑品牌的品类容量

消费者的品类认知优势，或是产区资源对品类的支撑优势，是产区品牌或者区域公用品牌的价值所在，不能什么产品都套用公用品牌，这样只会稀释品牌的价值，也难以积累品牌价值，形成品牌影响力。

（三）做好产品的品质管理

要管理好区域公用品牌，本质上就是要管理好产品。比如，法国的红酒行业为了严格把关产区内的产品品质，以法律的形式严格规定品质标准，有严格的葡萄品种种植限定、规范的种植标准要求、品质等级划分等，最后在成品葡萄酒的包装上粘贴生产过程管理标识。

为了确保品质，政府必须严格执行相关法律规定，不达标的产品要禁用区域公用品牌，发现仿冒品，一律坚决查处。不过据我所了解的情况来看，这一点做起来很难。河北某知名产区由政府注册管理产区品牌，当企业产品达不到品质管控标准时，可以通过找关系，随意使用产区品牌，这种情况就不利于区域品牌的建设，已有的声誉也可能被毁掉。目前，全国知名的阳澄湖大闸蟹也正面临这种问题。

但是，在这方面，政府已经意识到问题的严重性，并下定决心整治。

五常大米曾被《舌尖上的中国》誉为中国最好吃的大米，然而，近年来却频频遭遇信任危机。2014 年 10 月，新米上市不久，便有媒体曝出廉价米勾兑冒充五常大米牟利事件，2014 年 11 月，五常市副市长何广铭率维权小组到京暗访险些被打。根据数据显示，五常大米的年产量为 70 万吨，但是市场销售总额却超过 700 万吨。

于是，2015 年年初，黑龙江五常市政府联合新浪在微博上打起了“五常大米保卫战”，市长宋泽刚亲自上阵，在他实名认证的微博上，用微视频的方式告诉网友辨别五常米的 4 种方式：望、闻、问、切。

虽然这一举动有助于提升五常大米的影响力，但在区域品牌管理上收效甚微，无法从产品源头上进行品质管理，解决不了根本问题。

三、做好区域公共品牌的传播和推广

相较于企业来讲，政府的行为更容易获得媒体的关注，也更容易撬动媒体，除了出资做好区域公用品牌的传播推广外，政府要结合地区资源优势，加强对区域公用品牌的推广。需要花钱做的，可以量力而行，不用花钱做的，要积极推行。

国外对如何打造产区品牌已经积累了丰富的经验，在国内，品牌农业并不是先行者。前几年，为了提升中国白酒在国内外市场上的竞争力，打造中国白酒产区品牌，试图仿照法国波尔多的做法，由政府主导，行业媒体和专家联合推动，初期在市场上形成了品牌概念，也得到部分消费者的关注，但是没有形成品牌影响力。其主要是因为管理难度大，白酒品牌概念提出容易，落地执行难，在实际操作过程中，各类错综复杂的关系会制约品牌的建设和推广。

综上所述，虽然政府和企业都在积极推动产区品牌建设，也认识到产区品牌的重要性，但是要管理和维护好产区品牌，需要具体的分工与合作，政府与企业都需要继续努力。

案例八　品牌农业的临沂模式

山东临沂拥有优质农产品基地563.23万亩，优质农产品产业园区183个，蔬菜、食用菌、果品、茶叶等菜篮子产品的“三化率”达到53%，以农业品牌建设为依托，各县区都形成了自己的龙头产业。莒南成为全国最大的优质花生生产基地、商品基地和出口贸易集散地；蒙阴成为全国最大的蜜桃基地；沂南成为全国鸭业第一县；苍山蔬菜、平邑罐头、费县板栗、郯城银杏、临沭柳编、河东脱水蔬菜、沂水生姜等产业规模稳步扩大，成为全国具有较高知名度的产业聚集地。

全市拥有农产品注册商标4903个，其中驰名商标8件，山东省著名商标62件。“生态沂蒙山优质农产品”在全国叫响，培育了“苍山蔬菜”“莒南花生”“郯城银杏”“费县核桃”“蒙阴蜜桃”“平邑金银花”“金锣”冷鲜肉、“孙祖”有机小米等农产品区域公用品牌42个、有影响力的企业产品品牌98个。

为什么能取得这样的成果？除了企业自身的努力外，政府也起到了关键推动作用，推进优质农产品基地品牌建设一直是临沂市政府的工作重点。

一、三牌给力，铸就品牌形象

在打造农业品牌的过程中，注重区域形象品牌、区域公用品牌、企业产品品牌三者之间相互支撑、相互促进。例如，在沂蒙优质农产品区域概念引领下，培育一批强势的企业农产品品牌，支撑一批强势的农产品区域公用品牌和每个区域公用农产品品牌，重点培育2～3个在国内同类产品中质量处于领先地位、市场占有率高和知名度居行业前列、消费者满意程度高、经济效益好、有较强市场竞争力的企业产品旗舰品牌。同时，提高了区域公用品牌和企业产品品牌的知名度，也提升了特色鲜明、富有魅力的“沂蒙优质农产品”的区域形象品牌。

2013年，全市确定了40个区域公用品牌、80个企业产品品牌，作为2013—2015年全市重点培育的沂蒙优质农产品品牌。2014年3月，组织40个区域品牌参加了农业部优农中心和中国农业品牌研究中心组织的农产品区域品牌价值评估活动。6月，通过积极协调，促成了兰陵县与浙江大学中国农业品牌研究中心合作开展“苍山蔬菜”品牌规划。

对重点培育的品牌，临沂市政府在媒体上优先宣传、优先刊登广告，支持制定品牌建设规划、开展品牌创意、营销推介等工作，力争做大做强一批区域公用品牌和产品品牌。目前，临沂市围绕“生态沂蒙山、优质农产品”这一主题，依托沂蒙优质农产品良好的内在质量、丰富的文化元素、日益增强的品牌影响力和市场美誉度，打造了“沂蒙优质农产品”的概念，“生态沂蒙山、优质农产品”的品牌影响力显著增强。

二、三方合力，绘就发展蓝图

农业品牌的建设离不开政府、协会和企业三方的密切合作，政府是引导者，协会是助推器，企业是主体。临沂市合理配置资源，三方职能定位清晰，各司其职，建立了高效的品牌农业建设机制，实现了“1+1+1大于3”的效应。

（一）积极发挥政府培育品牌的引导和扶持作用

一是加强组织领导，发挥政府部门职能作用。市县两级均出台了基地品牌建设意见、规划、扶持奖励政策、督导考核机制等文件，成立了领导小组、组织办事机构等相关职能机构。市委、市政府将优质农产品基地品牌建设有关内容列入对县区科学发展综合考核指标和全市民生工程的重要内容。

二是发挥财政扶持资金作用。2010—2014 年共投资了 7673 万元用于全市优质农产品基地品牌创建工作。重点扶持基地建设、品牌设计、品牌宣传与营销，开展无公害农产品、绿色食品、有机农产品和国家地理标志商标认证，提升和推介品牌，扩大品牌效应。

三是典型示范、观摩交流，推动品牌建设快速发展。市委、市政府连续 5 年组织了高规格的全市优质农产品基地品牌建设现场观摩交流会，相互观摩交流各地基地品牌建设的亮点，多次召开现场推进会，推广各地基地品牌创建中的好典型、好经验。

（二）充分发挥协会品牌整合、行业自律的作用

临沂市近年来成立了市级有机农产品协会、绿色食品协会、茶叶协会、金银花协会、畜牧业协会、渔业协会等，充分发挥协会联系面广、跨行业跨部门的优势，以协会为主体，强化区域农产品品牌的开发、宣传推介和保护，积极拓宽品牌农产品的营销渠道。

同时，协会还在品牌产品标准制定、品牌管理等方面提供了指导。市有机农产品协会注册了集体商标，建立了自己的网站，集中宣传、报道沂蒙优质农产品，主打“生态沂蒙山，优质农产品”品牌，及时发布行业资讯，更新专家论坛信息，推介名优农产品品牌等，极大地提高了沂蒙优质农产品企业品牌影响力，传播品牌信息，增加了会员数量。另外，市畜牧协会申请了临沂沂蒙黑猪地理标志保护，市茶叶协会申请了沂蒙绿茶地理标志保护，市渔业协会申请了临沂大银鱼地理标志保护，对保护特色产品进行品牌整合，发挥了很好的作用。市金银花行业协会积极宣传“平邑金银花”这一区域公用品牌，推进金银花产业向

一体化、集约化、品牌化、协同化发展，规范行业秩序，对维护金银花产业健康可持续发展发挥了重要作用。

（三）突出企业产品品牌创建的主体地位

政府加强对企业或合作社等品牌建设主体的培训，增强了企业的品牌意识，强化了品牌定位、品牌创意、宣传推介、品牌保护等方面的能力。临沂市通过政策、资金、项目等途径，对品牌创建给予扶持。各企业注重质量、文化、管理的有机融合，引进人才，更新观念，加大了品牌建设的投入，集中开展产品认证、商标注册以及品牌创建，提升了企业的品牌价值，培育了“金锣冷鲜肉”等一大批有影响力的企业产品品牌。

三、五环聚力，开拓营销市场

（一）用基地载体创建品牌

提升农产品品牌价值，需要有产品数量的保证和质量的保障。临沂市坚持以基地建设为载体，通过大力推进以经营规模化、生产标准化、营销品牌化“三化”为主要内容的基地园区建设，扎扎实实提升产品品牌知名度。市里先后制定了优质农产品基地建设标准、优质农产品产业园区建设标准、有影响力的农产品品牌创建标准、标准化生产技术规程等“三化”系列标准。

在工作中，临沂市按照“三化”“十二有”以及“六高”要求（“三化”水平高、设施水平高、科技水平高、管理水平高、功能配套水平高、质量安全水平高），注重土地流转，适度规模经营，提升基地园区档次，对原有基地进行了改造提升，进一步完善园区水、电、路等基础设施，加快资金、技术、管理等各类要素的整合，强力推进优质农产品基地园区创建，依托基地建设，积极开展“三品一标”认证，加大商标认证和培育。

（二）用质量安全保护品牌

质量是农业品牌的生命线，临沂市坚持以农产品质量安全来保护优质农产品品牌，以优质农产品品牌建设来提高农产品质量安全水平，确保消费者对产品质量的信心。积极实施“农业标准化推广体系、农产品质量监测体系、农产品标准体系及实施体系”建设，在全省率先提出了争创全国“农产品质量安全放心市”的目标。积极开展技术规程制定，推广本地名优农产品的地方质量规范和操作规程，加大无公害农产品、绿色食品、有机农产品和地理标志农产品认证。到2013年年底，全市“三品一标”有效认证达到934宗，认证产品1468个。认证总数、绿色食品认证和地理标志农产品认证数量均居全省第一。

临沂市农产品质量安全例行监测合格率稳定在98%以上。全市建成市、县、乡镇、基地（批发市场）4级农产品质量安全检测网络，市及全市12县区已经实现农产品质量检测中心（站）建设项目全覆盖，9个县区成功创建“山东省出口农产品质量安全示范区”，3个县区成功创建“国家级出口农产品食品质量安全示范区”。成立农产品标准联盟8个，制定联盟标准14项，发布兰陵大棚蔬菜种植、莒南茶叶栽培等地方标准150余项，其中，省级地方标准14项，市级农业规范140余项。

（三）用文化创意包装品牌

“沂蒙”是一个具有独特地理地貌特点和文化传承特征的地域概念。特别是随着“大美临沂”建设和《沂蒙六姐妹》《沂蒙》《蒙山沂水》等红色影视剧的公映与热播，红色文化享誉全国。在农产品品牌创建的过程中，注重以文化软实力为基础打造品牌，强化优质农产品的“沂蒙特色”，以文化包装产品、提升品牌、增加附加值，提高农业品牌的文化魅力和市场竞争力。

（四）以推介活动提升品牌

临沂市委、市政府相关领导高度重视沂蒙优质农产品区域品牌形象的打造和宣传，积极提升农产品品牌影响力。

一是利用媒体对优质农产品整体品牌形象和产品品牌形象捆绑打包进行宣传。从2010年11月起，临沂市利用媒体率先在全国开展优质农产品整体品牌形象和产品品牌形象捆绑打包宣传，在山东电视台和山东人民广播电台打包捆绑宣传沂蒙优质农产品，在央视一套投放5秒钟的沂蒙优质农产品整体品牌形象宣传片。在财政主导的基础上，多渠道筹集宣传资金，尤其是调动企业的积极性，积极参与宣传投入。聘请CCTV－7策划导演，高水平制作了15分钟的宣传片《谁不说俺沂蒙好》，重点宣传临沂最具优势的农业产业和品牌。再开设淘宝网特色中国·临沂馆，同时在优酷网及有关网站进行宣传，以及在各类农产品博览会、交易会展厅播放宣传片。在省、市级媒体开辟《沂蒙特色农产品》《品牌农业在沂蒙》等品牌宣传栏，积极挖掘、培育、宣传全市涌现出的典型示范企业，通过典型宣传，使品牌观念更加深入人心。在凤凰网推出了“生态沂蒙山、优质农产品”临沂品牌农业网页，与《大众日报》合作推出《品牌农业看沂蒙》专版等，集中宣传沂蒙优质农产品区域形象品牌、区域公用农产品品牌和企业产品品牌。

二是开展节庆活动宣传推介品牌。注重农业品牌与文化、节庆活动相融合，举办好具有当地特色、体现产品优势的农业节庆活动。比如，河东区举办草莓节、沂州海棠节，兰山区、蒙阴县分别举办桃花节，平邑县举办中国金银花节，莒南县举办“沂蒙玉芽”茶文化节等。2013年，市农委与临沂市广播电视台农科频道联合举办了“临沂优质农产品擂台挑战电视大赛”活动，共举办了蔬菜、果品等共10场12种农产品的比赛。2014年，与县区的节庆活动相结合，改进“优质农产品电视擂台挑战赛”活动比赛方式、方法，在河东区第六届草莓采摘节期间举办了草莓擂台赛，第二届中国兰陵（苍山）国际蔬菜产业博览会期间举办了黄瓜、番茄擂台赛，2014“羲之故里”中国（临沂）文化产品展示交易会期间举办“孙祖小米”杯沂蒙名茶（茶叶品牌）电视擂台挑战赛等。

三是组织开展沂蒙优质农产品宣传推介暨十佳品牌、知名品牌评选表彰活动。2010—2012年连续3年组织开展沂蒙优质农产品宣传推介暨十佳品牌、知名品牌评选及表彰活动。活动由临沂市广播电视台、临沂日报社联合举办，通过丰富多彩的专题宣传推介活动，经过企业申报、县区和市直行业协会推荐、公众投票、专家评审、网上公示等程序，最终共评选出沂蒙优质农产品十佳品牌30个、知名品牌90个。

四是积极举办和组织参加各类博览会、交易会。组织参加了在新加坡、中国香港地区、北京等国家和地区举办的国际国内博览会、交易会，市里每年举办一次沂蒙优质农产品精品展。2013年和2014年市政府连续两年举办了沂蒙优质农产品交易会，均取得了良好效果。2012年9月借助第十届中国国际农产品交易会举办了沂蒙优质农产品北京推介活动。原中共中央政治局委员、国务院副总理回良玉，现农业部部长韩长赋等领导亲临沂蒙优质农产品展区参观，并给予了高度评价。通过这些活动，进一步强化了沂蒙优质农产品品牌宣传推介，叫响了“生态沂蒙山、优质农产品”的口号，打造了沂蒙优质农产品整体品牌形象。

（五）用市场开拓壮大品牌

临沂市通过宣传推介、产销对接、现代方式营销多措并举，积极推进培育大品牌、开展大营销活动，建立并完善沂蒙优质农产品营销网络，全面开拓批零市场、商超、电商、出口国外“四个市场”。

一是做好主销城市市场开拓。加大对北京、上海、济南、青岛等临沂市农产品主销城市市场开拓的力度。于2013年7月，在北京新发地农产品国际会展中心举办了“2013苍山蔬菜北京推介会”，2013年8月，在上海举办了蒙阴蜜桃产销对接会，推进了临沂农产品生产基地与主销城市大市场的对接，提高农产品在主销城市市场的占有率。

二是推进沂蒙优质农产品进大城市、大超市、大社区等高端市场的三进工作。大力推行“龙头企业（合作组织）+基地+品牌+超市”以及专卖店、专柜、贵宾配送卡等直销模式。在省内有关城市繁华地段，大型连锁超市、市内3A级以上旅游景点和三星级以上宾馆设立沂蒙优质农产品专卖店或专柜，并给予奖补，扩大了沂蒙优质农产品的销售和品牌影响。2012年11月，沂蒙优质农产品专卖店济南旗舰店正式开业，引起轰动；，2013年1月，沂蒙优质农产品直供北京社区直通车启动，在北京市“96156··百市千店社区直通车”上设立沂蒙优质农产品专区。

三是充分发挥山东沂蒙优质农产品交易中心的作用，大力发展市场物流和电子商务。山东沂蒙优质农产品交易中心与国内众多大型批发市场建立了合作关系，架起了临沂市蔬菜合作社联合社、临沂市果品合作社联合社与城市市民菜篮子的桥梁。积极发展农产品电子商务，由沂蒙优质农产品交易中心和淘宝网合作组建的淘宝网“特色中国·临沂馆”，于2013年11月1日正式上线运行，2014年3月，“特色中国·临沂馆”正式开馆。2014年蒙阴蜜桃荣登淘宝首页焦点，产品销往全国各地，在全国产生较大影响，城市知名度和蒙阴蜜桃品牌知名度显著提升，仅7天时间，4款蜜桃卖出25000单，销售额达200多万元。

政府的大力支持、推动和企业的不断努力，使临沂慢慢走出一条独具特色的品牌农业发展道路。

案例九　产业联盟助推吉林大米

吉林省位居东北平原腹地，地处松花江、图们江、鸭绿江上游，水质清纯，土壤洁净，优质稻米种植面积占95%以上，属于世界黄金水稻带，正是因为这里具备好土、好水、好气候的天然优势，成就了吉林大米“好吃、营养、更安全”的卓越品质。

吉林省土壤肥沃，黑土层深达40厘米~80厘米，富含氮、磷、钾等有机物。同时，松花江、辽河、鸭绿江、图们江、绥芬河五大水系以及1600多条河流和800多个湖泊泡沼，不仅为水稻种植提供了充足的水源和养分，也保证了吉林大米的口感。

除了占尽“地利”，吉林大米的成长也得益于“天公作美”。吉林稻米主产区属大陆性季风气候，四季分明，无霜期140天左右，生长期内日照时间长，成熟期内昼夜温差大，干物质积累丰富，非常适合一年一季的优质粳稻生长。良好的生态更是锦上添花——由于吉林森林和草原面积大，自然环境好，稻区基本没有工业污染，各种有害物质和重金属含量远低于国家标准，这些都充分保证了吉林大米的安全。

吉林大米主要以粳米为主。经过长期的培育和选择，吉林的水稻种植比较多的品种有40多个，面积占全省水稻种植面积的95%以上，并且形成了圆粒、中长粒和长粒三大系列。其中，圆粒米以吉粳88（又称超级稻）为代表，粒形整齐，小椭圆粒，晶莹剔透，做出的米饭甘香、软滑，胀性大，黏性好，出饭多，冷饭不回生，口感食味俱佳，越吃越有嚼头。中长粒米以吉粳81为代表，呈椭圆状，外观饱满，粒形均匀，洁白剔透，饭味清香，口感宜人。长粒米以稻花香系列为代表，与五常大米是“近亲”，米粒细长，饭味浓香。

在漫长的稻作中，吉林稻民总结出一整套科学栽培的技术和方法，并通过严格控制化肥和农药使用量，从源头确保大米质量。近年来，吉林稻区积极发展绿色和有机水稻生产，推广施有机肥、人工除草、生物除虫以及稻田养蟹、养鸭等生态种植方式，生产了不少品质优良的有机和绿色大米。

但是长期以来，吉林大米沦入卖散米，或为知名品牌“贴牌”的窘境。

2013年以来，吉林省适应市场经济格局的新变化，以品牌化、精品化、全产业链的生产理念为基础，结合生态优势，实施“健康米”工程。省政府下发了《关于推进吉林大米品牌建设的指导意见》明确吉林大米的品牌定位，组建大米产业联盟，搭建电商平台线上线下联动销售，全力打造大米“白金名片”。同时围绕水稻育种育苗、基地建设、农机具补贴、流通设施、品牌宣传、资金供给以及金融担保7个方面，制定出 14 条扶持大米加工企业做大做强的政策，努力引导“品牌做响、品质做优、企业做强、效益做大”。

一、组建联盟推进品牌化管理

为了让吉林大米在市场上靓起来，吉林省注册了“吉林大米”商标和相关 LOGO 地理产品标志产品，为大米起好名。在同一品牌下，突出抓西部弱碱大米、中部黑土有机大米、东部火山岩大米三大优质系列产品，精选松粮、东福、梅河口等 7 家优势企业构建吉林大米产业联盟，授权使用商标，资源共享，抱团出击，合力打造产区品牌。

条件较好的松粮集团与周边 13 家企业组建“查干湖大米产业联盟”，产业联盟组建之后，基地面积增长了 3 倍，达到 5.4 万亩，稻谷年加工能力由 12 万吨增加到 30 万吨，并以产业园、产业联盟和生态群众保护区、三农小贷有限公司等为支撑打造产业链。近年来获得各类奖项 40 多个，2014 年跻身“中国百佳粮油企业”。

二、推动吉林大米走出去

在确保品质的基础上，吉林省不断加大“吉林好大米”的形象宣传。2014 年先后在海口、西安、北京等城市举办推介会 20 余场，每一次推介会，好吃、筋道、糯香的各类大米都被抢购一空，随之而来的大订单甚至让一些企业都不敢轻易签订。

此外，吉林还依托长春国家粮食交易中心，建立了“吉林大米网”，开展吉林大米相关信息发布、产销对接和第三方仲裁等服务，以政府形象作信誉保证，既搭建了销售平台，也确保了质量和秩序。

吉林还引导地方和企业将销售触角延伸到消费者家门口，60 家大米企业以“吉林大米”为统一标识，在京津冀、长三角、珠三角等地设立品牌直营店和商超专柜近 2000 个，并进入到大型连锁超市销售网络。

各企业在淘宝、京东、1 号店等网络销售平台上开设网店 276 个家，2014年网上大米销售订单高达27万单。淘宝网好评率99.97%，“吉林大米馆”连续19个月被评为“金牌卖家”。

逐渐叫响的品牌使吉林大米价格稳中有增。2014年吉林中高端大米最高销价每斤49.9元，最低5元，平均销售价格同比增长17%。普通大米价格每斤上涨0.30元，新增产值31.7亿元。

2015年10月25日上午，由吉林省人民政府主办，吉林省粮食局、省政府新闻办、省驻京办承办，省粮食行业协会、松粮集团协办的吉林大米2015年新米上市新闻发布会在北京长白山国际酒店隆重召开。国家粮食局、中国粮食行业协会、中储粮总公司、中粮集团、中纺油脂有限公司、中航国际粮食收储有限公司、北京市商委、北京市粮食局、京粮集团应邀出席。人民日报、新华社、中央人民广播电台、中央电视台、凤凰卫视、人民网、新华网等60多家媒体和记者参加了发布会。

三、组团亮相全国糖酒会

吉林大米的“白金名片”古已有之。从早在唐代渤海国时期的“卢城之稻”，到清代皇室的御用贡米，再到新中国成立后的国宴专用米。时至今日，吉林大米面临着市场的机遇与挑战，不断挖掘产业优势，进行新的探索与实践。

全国糖酒会被称为食品行业的第一盛会，会上不仅有商讯、客流，更有行业媒体和专家进行智力分享。2016年成都全国春季糖酒会首设品牌农业展区，“吉林大米”也随之华彩亮相，在6号馆的品牌农业展区，吉林大米产业联盟组织了7家核心企业——吉林省松江佰顺米业、吉林市东福米业、舒兰市永丰米业、吉林市宇丰米业、吉林梅河大米、松原粮食集团、延边元利延边大米工贸在G/H/I展位，联手为全国客商倾情奉上来自富饶黑土地的“白金名片”。

首次参会的佰顺米业表示，借本次糖酒会，一方面，希望把吉林大米的优质形象展示出来，让更多客户了解吉林大米；另一方面，也希望借助糖酒会的平台，进一步完善经销网络，把佰顺好米带入更多的市场。作为吉林大米的代表品牌，在品牌建设上公司将围绕“吉林大米”展开，除正常的广告推广外，还将在国内重点市场建立品牌营销店，以增加消费者对佰顺大米的产品体验。

按照规划，吉林大米产业联盟将重点围绕以下四方面继续擦亮“白金名片”。

第一，组织制定吉林大米质量标准，出台“吉林大米”地理标志证明商的使用管理办法，制定严格的联盟企业标准。这是提升“吉林大米”品牌声誉的关键举措，也是实现品牌化的必由之路。

第二，建立吉林大米直销体系。在北京、上海、杭州、宁波、成都等主销区建立风格统一的直营店和商超专柜，悬挂吉林大米LOGO，销售联盟企业产品，保证吉林大米质量，让销区的广大消费者吃上“好吃、营养、更安全”的吉林大米。这是实现全产业链经营的关键一环，对初加工的农产品来讲，不仅要从源头控制好品质，更需要在流通环节层层把控，实现从基地到餐桌的全程可追溯。

第三，以联盟企业为主体，逐步向所在区域延伸，根据市场规则，通过区域联盟方式，整合周边大米品牌。

第四，完善质量追溯体系，确保联盟企业生产的大米全程可追溯。

有政府的全力护航，有产业联盟的大力推动，加上企业的自律和努力，统一品种、统一标准、统一品牌后的吉林大米，不仅质量在稳定提高，市场影响力也在逐步扩大，更重要的是，它给了全国消费者一个放心消费的理由。

后记：用心做农业

记得刚参加工作时，我曾有幸参加行业沙龙聚会。某知名企业在会上分享了它们的成功营销案例，案例做得很成功，现场宣讲和演示也很精彩，获得了全场的热烈掌声。活动结束之后，出于职场“菜鸟”的本能，我现场请教一位职场“前辈”的看法，他轻描淡写地说：“少了点爱。”当时我并没有深刻地理解这句话的意思，反而觉得他有点嫉妒的心理，随着工作阅历的增加，慢慢开始对这句话有了更深的理解和认知，直到写完《中小农业企业品牌战法》这本书——商业逻辑不是精明的算计。

作为一家智业机构，我们能提供给客户的，或者在客户眼里看起来有价值的，其实更多的是策略和方法，客户看重的是问题的解决方案，所以在内容上，这本书以术居多，比如，怎么做全产业链、怎么做产品、怎么做品牌、怎么做渠道。但是我们始终不敢脱离人的本质，且不论在现实生活中，吉姆·柯林斯所讲的那句“为正确的核心价值观和使命感所驱使的人，所赚的钱比纯粹以赚钱为目的的人赚的钱更多”是否真的应验，但是我们应该为此坚持，因为我相信：“为正确的核心价值观和使命感所驱使的生意一定可以做得长久。”

做农业也需要这样的坚持，就像大三湘的周总在行业艰难时看到农民的困苦而咬牙坚持下来一样，就像举个栗子坚持不用强制手段做用户黏性一样，就像邻大妈正在试图打造的社区生态一样，本质都是因为有爱存在。

现代农业正面临蓬勃发展的态势，品牌农业也发展得如火如荼，但是要做好农业需要用心，只有把农民放在心上、把消费者放在心上、把事业放在心上才能做得更好更长久。企业所追求的存在价值，不一定要像烟花一样的灿烂，应该像松树一样青葱茂盛，像长河一样的流水潺潺。

所以，做农业真的需要用心！

推荐作者得新书!

博瑞森征稿启事

亲爱的读者朋友:

感谢您选择了博瑞森图书!希望您手中的这本书能给您带来实实在在的帮助!

博瑞森一直致力于发掘好作者、好内容,希望能把您最需要的思想、方法,一字一句地交到您手中,成为专业知识与管理实践的纽带和桥梁。

但是我们也知道,有很多深入企业一线、经验丰富、乐于分享的优秀专家,或者往来奔波没时间,或者缺少专业的写作指导和便捷的出版途径,只能茫然以待……

还有很多在竞争大潮中坚守的企业,有着异常宝贵的实践经验和独特的闪光点,但缺少专业的记录和整理者,无法让企业的经验和故事被更多的人了解、学习、参考……

这些都太遗憾了!

博瑞森非常希望能将这些埋藏的"宝藏"发掘出来,贡献给广大读者,让更多的人得到帮助。

所以,我们真心地邀请您,我们的老读者,帮助我们一起搜寻:

推荐作者。

可以是您自己或您的朋友,只要对本土管理有实践、有思考;可以是您通过网络、杂志、书籍或其他途径了解的某位专家,不管名气大小,只要他的思想和方法曾让您深受启发。

推荐企业。

可以是您自己所在的企业,或者是您熟悉的某家企业,其创业过程、运营经历、产品研发、机制创新,等等。不论企业大小,只要乐于分享、有值得借鉴书写之处。

总之,好内容就是一切!

博瑞森绝非"自费出书",出版项目费用完全由我们承担。您推荐的作者或企业案例一经采用,我们会立刻向您赠送书币 100 元,可直接换取任何博瑞森图书的纸质版或电子版。

感谢您对本土管理的支持!感谢您对博瑞森图书的帮助!

推荐邮箱:bookgood@126.com　　　　推荐手机:13611149991

与主编加为好友:

博瑞森管理图书网:http://www.bracebook.com.cn/index.html

1120 本土管理实践与创新论坛

这是由100多位本土管理专家联合创立的企业管理实践学术交流组织，旨在孵化本土管理思想、促进企业管理实践、加强专家间交流与协作。

论坛每年集中力量办好两件大事：第一，“**出一本书**”，汇聚一年的思考和实践，把最原创、最前沿、最实战的内容集结成册，贡献读者；第二，“**办一次会**”，每年11月20日本土管理专家们汇聚一堂，碰撞思想、研讨案例、交流切磋、回馈社会。

企业案例・老板传记

	书名．作者	内容/特色	读者价值
企业案例・老板传记	**娃哈哈区域标杆：豫北市场营销实录** 罗宏文　赵晓萌　等著	本书从区域的角度来写娃哈哈河南分公司豫北市场是怎么进行区域市场营销，成为娃哈哈全国第一大市场、全国增量第一高市场的一些操作方法	参考性、指导性，一线真实资料
	像六个核桃一样：打造畅销品的36个简明法则 王　超　范　萍　著	本书分上下两篇：包括"六个核桃"的营销战略历程和36条畅销法则	知名企业的战略历程极具参考价值，36条法则提供操作方法
	六个核桃凭什么：从0过100亿 张学军　著	首部全面揭秘养元六个核桃裂变式成长的巨著	学习优秀企业的成长路径，了解其背后的理论体系
	借力咨询：德邦成长背后的秘密 官同良　王祥伍　著	讲述德邦是如何借助咨询公司的力量进行自身 与发展的	来自德邦内部的第一线资料，真实、珍贵，令人受益匪浅
	解决方案营销实战案例 刘祖轲　著	用10个真案例讲明白什么是工业品的解决方案式营销，实战、实用	有干货、真正操作过的才能写得出来
	招招见销量的营销常识 刘文新　著	如何让每一个营销动作都直指销量	适合中小企业，看了就能用
	我们的营销真案例 联纵智达研究院　著	五芳斋粽子从区域到全国/诺贝尔瓷砖门店销量提升/利豪家具出口转内销/汤臣倍健的营销模式	选择的案例都很有代表性，实在、实操！
	中国营销战实录：令人拍案叫绝的营销真案例 联纵智达　著	51个案例，42家企业，38万字，18年，累计2000余人次参与……	最真实的营销案例，全是一线记录，开阔眼界
	双剑破局：沈坤营销策划案例集 沈　坤　著	双剑公司多年来的精选案例解析集，阐述了项目策划中每一个营销策略的诞生过程，策划角度和方法	一线真实案例，与众不同的策划角度令人拍案叫绝、受益匪浅
	宗：一位制造业企业家的思考 杨　涛　著	1993年创业，引领企业平稳发展20多年，分享独到的心得体会	难得的一本老板分享经验的书
	简单思考：AMT咨询创始人自述 孔祥云　著	著名咨询公司（AMT）的CEO创业历程中点点滴滴的经验与思考	每一位咨询人，每一位创业者和管理经营者，都值得一读
	边干边学做老板 黄中强　著	创业20多年的老板，有经验、能写、又愿意分享，这样的书很少	处处共鸣，帮助中小企业老板少走弯路
	三四线城市超市如何快速成长：解密甘雨亭 IBMG国际商业管理集团　著	国内外标杆企业的经验＋本土实践量化数据＋操作步骤、方法	通俗易懂，行业经验丰富，宝贵的行业量化数据，关键思路和步骤
	中国首家未来超市：解密安徽乐城 IBMG国际商业管理集团　著	本书深入挖掘了安徽乐城超市的试验案例，为零售企业未来的发展提供了一条可借鉴之路	通俗易懂，行业经验丰富，宝贵的行业量化数据，关键思路和步骤

互联网＋

	书名．作者	内容/特色	读者价值
互联网＋	**触发需求：互联网新营销样本・水产** 何足奇　著	传统产业都在苦闷中挣扎前行，本书通过鲜活的案例告诉你如何以需求链整合供应链，从而把大家熟知的传统行业打碎了重构、重做一遍	全是干货，值得细读学习，并且作者的理论已经经过了他亲自操刀的实践检验，效果惊人，就在书中全景展示
	移动互联新玩法：未来商业的格局和趋势 史贤龙　著	传统商业、电商、移动互联，三个世界并存，这种新格局的玩法一定要懂	看清热点的本质，把握行业先机，一本书搞定移动互联网
	微商生意经：真实再现33个成功案例操作全程 伏泓霖　罗晓慧　著	本书为33个真实案例，分享案例主人公在做微商过程中的经验教训	案例真实，有借鉴意义
	阿里巴巴实战运营——14招玩转诚信通 聂志新　著	本书主要介绍阿里巴巴诚信通的十四个基本推广操作，从而帮助使用诚信通的用户及企业更好地提升业绩	基本操作，很多可以边学边用，简单易学

续表

互联网+	**今后这样做品牌：移动互联时代的品牌营销策略** 蒋　军　著	与移动互联紧密结合，告诉你老方法还能不能用，新方法怎么用	今后这样做品牌就对了
	互联网+"变"与"不变"：本土管理实践与创新论坛集萃．2016 本土管理实践与创新论坛　著	本土管理领域正在产生自己独特的理论和模式，尤其在移动互联时代，有很多新课题需要本土专家们一起研究	帮助读者拓宽眼界、突破思维
	创造增量市场：传统企业互联网转型之道 刘红明　著	传统企业需要用互联网思维去创造增量，而不是用电子商务去转移传统业务的存量	教你怎么在"互联网+"的海洋中创造实实在在的增量
	重生战略：移动互联网和大数据时代的转型法则 沈　拓　著	在移动互联网和大数据时代，传统企业转型如同生命体打算与再造，称之为"重生战略"	帮助企业认清移动互联网环境下的变化和应对之道
	画出公司的互联网进化路线图：用互联网思维重塑产品、客户和价值 李　蓓　著	18个问题帮助企业一步步梳理出互联网转型思路	思路清晰、案例丰富，非常有启发性
	7个转变，让公司3年胜出 李　蓓　著	消费者主权时代，企业该怎么办	这就是互联网思维，老板有能这样想，肯定倒不了
	跳出同质思维，从跟随到领先 郭　剑　著	66个精彩案例剖析，帮助老板突破行业长期思维惯性	做企业竟然有这么多玩法，开眼界

行业类：零售、白酒、食品/快消品、农业、医药、建材家居等

	书名．作者	内容/特色	读者价值
零售·超市·餐饮·服装·汽车	**1. 总部有多强大，门店就能走多远** **2. 超市卖场定价策略与品类管理** **3. 连锁零售企业招聘与培训破解之道** **4. 中国首家未来超市：解密安徽乐城** **5. 三四线城市超市如何快速成长：解密甘雨亭** IBMG国际商业管理集团　著	国内外标杆企业的经验+本土实践量化数据+操作步骤、方法	通俗易懂，行业经验丰富，宝贵的行业量化数据，关键思路和步骤
	涨价也能卖到翻 村松达夫　【日】	提升客单价的15种实用、有效的方法	日本企业在这方面非常值得学习和借鉴
	零售：把客流变成购买力 丁　昀　著	如何通过不断升级产品和体验式服务来经营客流	如何进行体验营销，国外的好经营，这方面有启发
	餐饮企业经营策略第一书 吴　坚　著	分别从产品、顾客、市场、盈利模式等几个方面，对现阶段餐饮企业的发展提出策略和思路	第一本专业的、高端的餐饮企业经营指导书
	赚不赚钱靠店长：从懂管理到会经营 孙彩军　著	通过生动的案例来进行剖析，注重门店管理细节方面的能力提升	帮助终端门店店长在管理门店的过程中实现经营思路的拓展与突破
	汽车配件这样卖：汽车后市场销售秘诀100条 俞士耀　著	汽配销售业务员必读，手把手教授最实用的方法，轻松得来好业绩	快速上岗，专业实效，业绩无忧
耐消品	**跟行业老手学经销商开发与管理：家电、耐消品、建材家居** 黄润霖　著	全部来源于经销商管理的一线问题，作者用丰富的经验将每一个问题落实到最便捷快速的操作方法上去	书中每一个问题都是普通营销人亲口提出的，这些问题你也会遇到，作者进行的解答则精彩实用
白酒	**变局下的白酒企业重构** 杨永华　著	帮助白酒企业从产业视角看清趋势，找准位置，实现弯道超车的书	行业内企业要减少90%，自己在什么位置，怎么做，都清楚了
	1. 白酒营销的第一本书（升级版） **2. 白酒经销商的第一本书** 唐江华　著	华泽集团湖南开口笑公司品牌部长，擅长酒类新品推广、新市场拓展	扎根一线，实战

续表

白酒	**区域型白酒企业营销必胜法则** 朱志明　著	为区域型白酒企业提供35条必胜法则，在竞争中赢销的葵花宝典	丰富的一线经验和深厚积累，实操实用
	10步成功运作白酒区域市场 朱志明　著	白酒区域操盘者必备，掌握区域市场运作的战略、战术、兵法	在区域市场的攻伐防守中运筹帷幄，立于不败之地
	酒业转型大时代：微酒精选2014-2015 微酒　主编	本书分为五个部分：当年大事件、那些酒业营销工具、微酒独立策划、业内大调查和十大经典案例	了解行业新动态、新观点，学习营销方法
快消品·食品	**乳业营销第一书** 侯军伟　著	对区域乳品企业生存发展关键性问题的梳理	唯一的区域乳业营销书，区域乳品企业一定要看
	食用油营销第一书 余　盛　著	10多年油脂企业工作经验，从行业到具体实操	食用油行业第一书，当之无愧
	中国茶叶营销第一书 柏　龑　著	如何跳出茶行业“大文化小产业”的困境，作者给出了自己的观察和思考	不是传统做茶的思路，而是现在商业做茶的思路
	调味品营销第一书 陈小龙　著	国内唯一一本调味品营销的书	唯一的调味品营销的书，调味品的从业者一定要看
	快消品营销人的第一本书：从入门到精通 刘　雷　伯建新　著	快消行业必读书，从入门到专业	深入细致，易学易懂
	变局下的快消品营销实战策略 杨永华　著	通胀了，成本增加，如何从被动应战变成主动的“系统战”	作者对快消品行业非常熟悉、非常实战
	快消品经销商如何快速做大 杨永华　著	本书完全从实战的角度，评述现象，解析误区，揭示原理，传授方法	为转型期的经销商提供了解决思路，指出了发展方向
	一位销售经理的工作心得 蒋　军　著	一线营销管理人员想提升业绩却无从下手时，可以看看这本书	一线的真实感悟
	快消品营销：一位销售经理的工作心得2 蒋　军　著	快消品、食品饮料营销的经验之谈，重点图书	来源与实战的精华总结
	快消品营销与渠道管理 谭长春　著	将快消品标杆企业渠道管理的经验和方法分享出来	可口可乐、华润的一些具体的渠道管理经验，实战
	成为优秀的快消品区域经理 伯建新　著	37个“怎么办”分析区域经理的工作关键点	可以作为区域经理的‘速成催化器’
	销售轨迹：一位快消品营销总监的拼搏之路 秦国伟　著	本书讲述了一个普通销售员打拼成为跨国企业营销总监的真实奋斗历程	激励人心，给广大销售员以力量和鼓舞
	快消老手都在这样做：区域经理操盘锦囊 方刚　著	非常接地气，全是多年沉淀下来的干货，丰富的一线经验和实操方法不可多得	在市场摸爬滚打的“老油条”，那些独家绝招妙招一般你问都是问不来的
	动销四维：全程辅导与新品上市 高继中　著	从产品、渠道、促销和新品上市详细讲解提高动销的具体方法，总结作者18年的快消品行业经验，方法实操	内容全面系统，方法实操
农业	**中小农业企业品牌战法** 韩　旭　著	将中小农业企业品牌建设的方法，从理论讲到实践，具有指导性	全面把握品牌规划，传播推广，落地执行的具体措施
	农资营销实战全指导 张　博　著	农资如何向“深度营销”转型，从理论到实践进行系统剖析，经验资深	朴实、使用！不可多得的农资营销实战指导
	农产品营销第一书 胡浪球　著	从农业企业战略到市场开拓、营销、品牌、模式等	来源于实践中的思考，有启发
	变局下的农牧企业9大成长策略 彭志雄　著	食品安全、纵向延伸、横向联合、品牌建设……	唯一的农牧企业经营实操的书，农牧企业一定要看

续表

医药	**新医改下的医药营销与团队管理** 史立臣　著	探讨新医改对医药行业的系列影响和医药团队管理	帮助理清思路，有一个框架
	医药营销与处方药学术推广 马宝琳　著	如何用医学策划把“平民产品”变成“明星产品”	有真货、讲真话的作者，堪称处方药营销的经典！
	新医改了，药店就要这样开 尚　锋　著	药店经营、管理、营销全攻略	有很强的实战性和可操作性
	电商来了，实体药店如何突围 尚　锋　著	电商崛起，药店该如何突围？本书从促销、会员服务、专业性、客单价等多重角度给出了指导方向	实战攻略，拿来就能用
	在中国，医药营销这样做：时代方略精选文集 段继东　主编	专注于医药营销咨询15年，将医药营销方法的精华文章合编，深入全面	可谓医药营销领域的顶尖著作，医药界读者的必读书
	OTC医药代表药店销售36计 鄢圣安　著	以《三十六计》为线，写OTC医药代表向药店销售的一些技巧与策略	案例丰富，生动真实，实操性强
	OTC医药代表药店开发与维护 鄢圣安　著	要做到一名专业的医药代表，需要做什么、准备什么、知识储备、操作技巧等	医药代表药店拜访的指导手册，手把手教你快速上手
	引爆药店成交率1：店员导购实战 范月明　著	一本书解决药店导购所有难题	情景化、真实化、实战化
	引爆药店成交率2：经营落地实战 范月明　著	最接地气的经营方法全指导	揭示了药店经营的几类关键问题
	医药企业转型升级战略 史立臣　著	药企转型升级有5大途径，并给出落地步骤及风险控制方法	实操性强，有作者个人经验总结及分析
建材家居	**建材家居营销实务** 程绍珊　杨鸿贵　主编	价值营销运用到建材家居，每一步都让客户增值	有自己的系统、实战
	建材家居门店销量提升 贾同领　著	店面选址、广告投放、推广助销、空间布局、生动展示、店面运营等	门店销量提升是一个系统工程，非常系统、实战
	10步成为最棒的建材家居门店店长 徐伟泽　著	实际方法易学易用，让员工能够迅速成长，成为独当一面的好店长	只要坚持这样干，一定能成为好店长
	手把手帮建材家居导购业绩倍增：成为顶尖的门店店员 熊亚柱　著	生动的表现形式，让普通人也能成为优秀的导购员，让门店业绩长红	读着有趣，用着简单，一本在手、业绩无忧
	建材家居经销商实战42章经 王庆云　著	告诉经销商：老板怎么当、团队怎么带、生意怎么做	忠言逆耳，看着不舒服就对了，实战总结，用一招半式就值了
工业品	**销售是门专业活：B2B、工业品** 陆和平　著	销售流程就应该跟着客户的采购流程和关注点的变化向前推进，将一个完整的销售过程分成十个阶段，提供具体方法	销售不是请客吃饭拉关系，是个专业的活计！方法在手，走遍天下不愁
	解决方案营销实战案例 刘祖轲　著	用10个真案例讲明白什么是工业品的解决方案式营销，实战、实用	有干货、真正操作过的才能写得出来
	变局下的工业品企业7大机遇 叶敦明　著	产业链条的整合机会、盈利模式的复制机会、营销红利的机会、工业服务商转型机会……	工业品企业还可以这样做，思维大突破
	工业品市场部实战全指导 杜　忠　著	工业品市场部经理工作内容全指导	系统、全面、有理论、有方法，帮助工业品市场部经理更快提升专业能力
	工业品营销管理实务 李洪道　著	中国特色工业品营销体系的全面深化、工业品营销管理体系优化升级	工具更实战，案例更鲜活，内容更深化
	工业品企业如何做品牌 张东利　著	为工业品企业提供最全面的品牌建设思路	有策略、有方法、有思路、有工具
	丁兴良讲工业4.0 丁兴良　著	没有枯燥的理论和说教，用朴实直白的语言告诉你工业4.0的全貌	工业4.0是什么？本书告诉你答案

续表

工业品	**资深大客户经理：策略准，执行狠** 叶敦明　著	从业务开发、发起攻势、关系培育、职业成长四个方面，详述了大客户营销的精髓	满满的全是干货
工业品	**一切为了订单：订单驱动下的工业品营销实战** 唐道明　著	其实，所有的企业都在围绕着两个字在开展全部的经营和管理工作，那就是“订单”	开发订单、满足订单、扩大订单。本书全是实操方法，字字珠玑、句句干货，教你获得营销的胜利
金融	**交易心理分析** （美）马克·道格拉斯　著 刘真如　译	作者一语道破赢家的思考方式，并提供了具体的训练方法	不愧是投资心理的第一书，绝对经典
金融	**精品银行管理之道** 崔海鹏　何　屹　主编	中小银行转型的实战经验总结	中小银行的教材很多，实战类的书很少，可以看看
金融	**支付战争** Eric M. Jackson　著 徐　彬　王　晓　译	PayPal 创业期营销官，亲身讲述 PayPal 从诞生到壮大到成功出售的整个历史	激烈、有趣的内幕商战故事！了解美国支付市场的风云巨变
房地产	**产业园区/产业地产规划、招商、运营实战** 阎立忠　著	目前中国第一本系统解读产业园区和产业地产建设运营的实战宝典	从认知、策划、招商到运营全面了解地产策划
房地产	**人文商业地产策划** 戴欣明　著	城市与商业地产战略定位的关键是不可复制性，要发现独一无二的“味道”	突破千城一面的策划困局
房地产	**电影院的下一个黄金十年：开发·差异化·案例** 李保煜　著	对目前电影院市场存大的问题及如何解决进行了探讨与解读	多角度了解电影院运营方式及代表性案例

经营类：企业如何赚钱，如何抓机会，如何突破，如何“开源”

	书名．作者	内容/特色	读者价值
抓方向	**让经营回归简单．升级版** 宋新宇　著	化繁为简抓住经营本质：战略、客户、产品、员工、成长	经典，做企业就这几个关键点！
抓方向	**公司由小到大要过哪些坎** 卢　强　著	老板手里的一张“企业成长路线图”	现在我在哪儿，未来还要走哪些路，都清楚了
抓方向	**企业二次创业成功路线图** 夏惊鸣　著	企业曾经抓住机会成功了，但下一步该怎么办？	企业怎样获得第二次成功，心里有个大框架了
抓方向	**老板经理人双赢之道** 陈　明　著	经理人怎养选平台、怎么开局，老板怎样选/育/用/留	老板生闷气，经理人牢骚大，这次知道该怎么办了
抓方向	**简单思考：AMT 咨询创始人自述** 孔祥云　著	著名咨询公司（AMT）的 CEO 创业历程中点点滴滴的经验与思考	每一位咨询人，每一位创业者和管理经营者，都值得一读
抓方向	**企业文化的逻辑** 王祥伍　黄健江　著	为什么企业绩效如此不同，解开绩效背后的文化密码	少有的深刻，有品质，读起来很流畅
抓方向	**使命驱动企业成长** 高可为　著	钱能让一个人今天努力，使命能让一群人长期努力	对于想做事业的人，‘使命’是绕不过去的
思维突破	**移动互联新玩法：未来商业的格局和趋势** 史贤龙　著	传统商业、电商、移动互联，三个世界并存，这种新格局的玩法一定要懂	看清热点的本质，把握行业先机，一本书搞定移动互联网
思维突破	**画出公司的互联网进化路线图：用互联网思维重塑产品、客户和价值** 李　蓓　著	18 个问题帮助企业一步步梳理出互联网转型思路	思路清晰、案例丰富，非常有启发性
思维突破	**重生战略：移动互联网和大数据时代的转型法则** 沈　拓　著	在移动互联网和大数据时代，传统企业转型如同生命体打算与再造，称之为“重生战略”	帮助企业认清移动互联网环境下的变化和应对之道
思维突破	**创造增量市场：传统企业互联网转型之道** 刘红明　著	传统企业需要用互联网思维去创造增量，而不是用电子商务去转移传统业务的存量	教你怎么在“互联网＋”的海洋中创造实实在在的增量
思维突破	**7 个转变，让公司 3 年胜出** 李　蓓　著	消费者主权时代，企业该怎么办	这就是互联网思维，老板有能这样想，肯定倒不了

续表

思维突破	**跳出同质思维，从跟随到领先** 郭　剑　著	66个精彩案例剖析，帮助老板突破行业长期思维惯性	做企业竟然有这么多玩法，开眼界
思维突破	**麻烦就是需求　难题就是商机** 卢根鑫　著	如何借助客户的眼睛发现商机	什么是真商机，怎么判断、怎么抓，有借鉴
思维突破	**互联网+"变"与"不变"：本土管理实践与创新论坛集萃·2016** 本土管理实践与创新论坛　著	加速本土管理思想的孕育诞生，促进本土管理创新成果更好地服务企业、贡献社会	各个作者本年度最新思想，帮助读者拓宽眼界、突破思维
财务	**写给企业家的公司与家庭财务规划——从创业成功到富足退休** 周荣辉　著	本书以企业的发展周期为主线，写各阶段企业与企业主家庭的财务规划	为读者处理人生各阶段企业与家庭的财务问题提供建议及方法，让家庭成员真正享受财富带来的益处
财务	**互联网时代的成本观** 程　翔　著	本书结合互联网时代提出了成本的多维观，揭示了多维组合成本的互联网精神和大数据特征，论述了其产生背景、实现思路和应用价值	在传统成本观下为盈利的业务，在新环境下也许就成为亏损业务。帮助管理者从新的角度来看待成本，进一步做好精益管理

管理类：效率如何提升，如何实现经营目标，如何"节流"

	书名．作者	内容/特色	读者价值
通用管理	**1. 让管理回归简单．升级版** **2. 让经营回归简单．升级版** **3. 让用人回归简单** 宋新宇　著	宋博士的"简单"三部曲，影响20万读者，非常经典	被读者热情地称作"中小企业的管理圣经"
通用管理	**分股合心：股权激励这样做** 段　磊　周　剑　著	通过丰富的案例，详细介绍了股权激励的知识和实行方法	内容丰富全面、易读易懂，了解股权激励，有这一本就够了
通用管理	**边干边学做老板** 黄中强　著	创业20多年的老板，有经验、能写、又愿意分享，这样的书很少	处处共鸣，帮助中小企业老板少走弯路
通用管理	**阿米巴经营的中国模式** 李志华　著	让员工从"要我干"到"我要干"，价值量化出来	阿米巴在企业如何落地，明白思路了
通用管理	**中国式阿米巴落地实践之激活组织** 胡八一　著	重点讲解如何科学划分阿米巴单元，阐述划分的实操要领、思路、方法、技术与工具	最大限度减少"推行风险"和"摸索成本"，利于公司成功搭建适合自身的个性化阿米巴经营体系
通用管理	**欧博心法：好管理靠修行** 曾　伟　著	用佛家的智慧，深刻剖析管理问题，见解独到	如果真的有'中国式管理'，曾老师是其中标志性人物
流程管理	**1. 用流程解放管理者** **2. 用流程解放管理者2** 张国祥　著	中小企业阅读的流程管理、企业规范化的书	通俗易懂，理论和实践的结合恰到好处
流程管理	**跟我们学建流程体系** 陈立云　著	畅销书《跟我们学做流程管理》系列，更实操，更细致，更深入	更多地分享实践，分享感悟，从实践总结出来的方法论
质量管理	**1. ISO9001：2015新版质量管理体系详解与案例文件汇编** **2. ISO14001：2015新版环境管理体系详解与案例文件汇编** 谭洪华　著	紧密围绕2015新版，逐条详细解读，工具也可以直接套用，易学易上手	企业认证、内审必备
战略落地	**重生——中国企业的战略转型** 施　炜　著	从前瞻和适用的角度，对中国企业战略转型的方向、路径及策略性举措提出了一些概要性的建议和意见	对企业有战略指导意义
战略落地	**公司大了怎么管：从靠英雄到靠组织** AMT 金国华　著	第一次详尽阐释中国快速成长型企业的特点、问题及解决之道	帮助快速成长型企业领导及管理团队理清思路，突破瓶颈
战略落地	**低效会议怎么改：每年节省一半会议成本的秘密** AMT 王玉荣　著	教你如何系统规划公司的各级会议，一本工具书	教会你科学管理会议的办法

续表

战略落地	**年初订计划，年尾有结果：战略落地七步成诗** AMT 郭晓　著	7 个步骤教会你怎么让公司制定的战略转变为行动	系统规划，有效指导计划实现
人力资源	**回归本源看绩效** 孙　波　著	让绩效回顾"改进工具"的本源，真正为企业所用	确实是来源于实践的思考，有共鸣
	世界 500 强资深培训经理人教你做培训管理 陈　锐　著	从 7 大角度具体细致地讲解了培训管理的核心内容	专业、实用、接地气
	曹子祥教你做激励性薪酬设计 曹子祥　著	以激励性为指导，系统性地介绍了薪酬体系及关键岗位的薪酬设计模式	深入浅出，一本书学会薪酬设计
	曹子祥教你做绩效管理 曹子祥　著	复杂的理论通俗化，专业的知识简单化，企业绩效管理共性问题的解决方案	轻松掌握绩效管理
	把招聘做到极致 远　鸣　著	作为世界 500 强高级招聘经理，作者数十年招聘经验的总结分享	带来职场思考境界的提升和具体招聘方法的学习
	人才评价中心．超级漫画版 邢　雷　著	专业的主题，漫画的形式，只此一本	没想到一本专业的书，能写成这效果
	走出薪酬管理误区 全怀周　著	剖析薪酬管理的 8 大误区，真正发挥好枢纽作用	值得企业深读的实用教案
	集团化人力资源管理实践 李小勇　著	对搭建集团化的企业很有帮助，务实，实用	最大的亮点不是理论，而是结合实际的深入剖析
	我的人力资源咨询笔记 张　伟　著	管理咨询师的视角，思考企业的 HR 管理	通过咨询师的眼睛对比很多企业，有启发
	本土化人力资源管理 8 大思维 周　剑　著	成熟 HR 理论，在本土中小企业实践中的探索和思考	对企业的现实困境有真切体会，有启发
	HRBP 是这样炼成的之"菜鸟起飞" 新　海　著	以小说的形式，具体解析 HRBP 的职责，应该如何操作，如何为业务服务	实践者的经验分享，内容实务具体，形式有趣
企业文化	**华夏基石方法：企业文化落地本土实践** 王祥伍　谭俊峰　著	十年积累、原创方法、一线资料，和盘托出	在文化落地方面真正有洞察，有实操价值的书
	企业文化的逻辑 王祥伍　著	为什么企业之间如此不同，解开绩效背后的文化密码	少有的深刻，有品质，读起来很流畅
	企业文化激活沟通 宋杼宸　安　琪　著	透过新任 HR 总经理的眼睛，揭示出沟通与企业文化的关系	有实际指导作用的文化落地读本
	在组织中绽放自我：从专业化到职业化 朱仁健　王祥伍　著	个人如何融入组织，组织如何助力个人成长	帮助企业员工快速认同并投入到组织中去，为企业发展贡献力量
	企业文化定位・落地一本通 王明胤　著	把高深枯燥的专业理论创建成一套系统化、实操化、简单化的企业文化缔造方法	对企业文化不了解，不会做？有这一本从概念到实操，就够了
生产管理	**高员工流失率下的精益生产** 余伟辉　著	中国的精益生产必须面对和解决高员工流失率问题	确实来源于本土的工厂车间，很务实
	车间人员管理那些事儿 岑立聪　著	车间人员管理中处理各种"疑难杂症"的经验和方法	基层车间管理者最闹心、头疼的事，'打包'解决
	1. 欧博心法：好管理靠修行 **2. 欧博心法：好工厂这样管** 曾　伟　著	他是本土最大的制造业管理咨询机构创始人，他从 400 多个项目、上万家企业实践中锤炼出的欧博心法	中小制造型企业，一定会有很强的共鸣

续表

生产管理	**欧博工厂案例1:生产计划管控对话录** **欧博工厂案例2:品质技术改善对话录** **欧博工厂案例3:员工执行力提升对话录** 曾　伟　著	最典型的问题、最详尽的解析,工厂管理9大问题27个经典案例	没想到说得这么细,超出想象,案例很典型,照搬都可以了
	苦中得乐:管理者的第一堂必修课 曾　伟　编著	曾伟与师傅大愿法师的对话,佛学与管理实践的碰撞,管理禅的修行之道	用佛学最高智慧看透管理
	比日本工厂更高效1:管理提升无极限 刘承元　著	指出制造型企业管理的六大积弊;颠覆流行的错误认知;掌握精益管理的精髓	每一个企业都有自己不同的问题,管理没有一剑封喉的秘笈,要从现场、现物、现实出发
	比日本工厂更高效2:超强经营力 刘承元　著	企业要获得持续盈利,就要开源和节流,即实现销售最大化,费用最小化	掌握提升工厂效率的全新方法
	比日本工厂更高效3:精益改善力的成功实践 刘承元　著	工厂全面改善系统有其独特的目的取向特征,着眼于企业经营体质(持续竞争力)的建设与提升	用持续改善力来飞速提升工厂的效率,高效率能够带来意想不到的高效益
	3A顾问精益实践1:IE与效率提升 党新民　苏迎斌　蓝旭日　著	系统的阐述了IE技术的来龙去脉以及操作方法	使员工与企业持续获利
	3A顾问精益实践2:JIT与精益改善 肖志军　党新民　著	只在需要的时候,按需要的量,生产所需的产品	提升工厂效率
员工素质提升	**跟老板"偷师"学创业** 吴江萍　余晓雷　著	边学边干,边观察边成长,你也可以当老板	不同于其他类型的创业书,让你在工作中积累创业经验,一举成功
	销售轨迹:一位快消品营销总监的拼搏之路 秦国伟　著	本书讲述了一个普通销售员打拼成为跨国企业营销总监的真实奋斗历程	激励人心,给广大销售员以力量和鼓舞
	在组织中绽放自我:从专业化到职业化 朱仁健　王祥伍　著	个人如何融入组织,组织如何助力个人成长	帮助企业员工快速认同并投入到组织中去,为企业发展贡献力量
	企业员工弟子规:用心做小事,成就大事业 贾同领　著	从传统文化《弟子规》中学习企业中为人处事的办法,从自身做起	点滴小事,修养自身,从自身的改善得到事业的提升
	手把手教你做顶尖企业内训师:TTT培训师宝典 熊亚柱　著	从课程研发到现场把控、个人提升都有涉及,易读易懂,内容丰富全面	想要做企业内训师的员工有福了,本书教你如何抓住关键,从入门到精通

营销类:把客户需求融入企业各环节,提供"客户认为"有价值的东西

	书名．作者	内容/特色	读者价值
营销模式	**动销操盘:节奏掌控与社群时代新战法** 朱志明　著	在社群时代把握好产品生产销售的节奏,解析动销的症结,寻找动销的规律与方法	都是易读易懂的干货!对动销方法的全面解析和操盘
	变局下的营销模式升级 程绍珊　叶　宁　著	客户驱动模式、技术驱动模式、资源驱动模式	很多行业的营销模式被颠覆,调整的思路有了!
	卖轮子 科克斯【美】	小说版的营销学!营销理念巧妙贯穿其中,贵在既有趣,又有深度	经典、有趣!一个故事读懂营销精髓
	弱势品牌如何做营销 李政权　著	中小企业虽有品牌但没名气,营销照样能做的有声有色	没有丰富的实操经验,写不出这么具体、详实的案例和步骤,很有启发

续表

营销模式	**老板如何管营销** 史贤龙　著	高段位营销16招，好学好用	老板能看，营销人也能看
	动销：产品是如何畅销起来的 吴江萍　余晓雷　著	真真切切告诉你，产品究竟怎么才能卖出去	击中痛点，提供方法，你值得拥有
销售	**资深大客户经理：策略准，执行狠** 叶敦明　著	从业务开发、发起攻势、关系培育、职业成长四个方面，详述了大客户营销的精髓	满满的全是干货
	销售是门专业活：B2B、工业品 陆和平　著	销售流程就应该跟着客户的采购流程和关注点的变化向前推进，将一个完整的销售过程分成十个阶段，提供具体方法	销售不是请客吃饭拉关系，是个专业的活计！方法在手，走遍天下不愁
	向高层销售：与决策者有效打交道 贺兵一　著	一套完整有效的销售策略	有工具，有方法，有案例，通俗易懂
	卖轮子 科克斯　【美】	小说版的营销学！营销理念巧妙贯穿其中，贵在既有趣，又有深度	经典、有趣！一个故事读懂营销精髓
	学话术　卖产品 张小虎　著	分析常见的顾客异议，将优秀的话术模块化	让普通导购员也能成为销售精英
组织和团队	**升级你的营销组织** 程绍珊　吴越舟　著	用"有机性"的营销组织替代"营销能人"，营销团队变成"铁营盘"	营销队伍最难管，程老师不愧是营销第1操盘手，步骤方法都很成熟
	用数字解放营销人 黄润霖　著	通过量化帮助营销人员提高工作效率	作者很用心，很好的常备工具书
	成为优秀的快消品区域经理 伯建新　著	37个"怎么办"分析区域经理的工作关键点	可以作为区域经理的'速成催化器'
	一位销售经理的工作心得 蒋　军　著	一线营销管理人员想提升业绩却无从下手时，可以看看这本书	一线的真实感悟
	快消品营销：一位销售经理的工作心得2 蒋　军　著	快消品、食品饮料营销的经验之谈，重点突出	来源于实战的精华总结
	销售轨迹：一位快消品营销总监的拼搏之路 秦国伟　著	本书讲述了一个普通销售员打拼成为跨国企业营销总监的真实奋斗历程	激励人心，给广大销售员以力量和鼓舞
组织和团队	**用营销计划锁定胜局：用数字解放营销人2** 黄润霖　著	全方位教你怎么做好营销计划，好学好用真简单	照搬套用就行，做营销计划再也不头痛
	快消品营销人的第一本书：从入门到精通 刘　雷　伯建新　著	快消行业必读书，从入门到专业	深入细致，易学易懂
产品	**产品炼金术Ⅰ：如何打造畅销产品** 史贤龙　著	满足不同阶段、不同体量、不同行业企业对产品的完整需求	必须具备的思维和方法，避免在产品问题上走弯路
	产品炼金术Ⅱ：如何用产品驱动企业成长 史贤龙　著	做好产品、关注产品的品质，就是企业成功的第一步	必须具备的思维和方法，避免在产品问题上走弯路
	新产品开发管理，就用IPD 郭富才　著	10年IPD研发管理咨询总结，国内首部IPD专业著作	一本书掌握IPD管理精髓
品牌	**中小企业如何建品牌** 梁小平　著	中小企业建品牌的入门读本，通俗、易懂	对建品牌有了一个整体框架
	采纳方法：破解本土营销8大难题 朱玉童　编著	全面、系统、案例丰富、图文并茂	希望在品牌营销方面有所突破的人，应该看看
	中国品牌营销十三战法 朱玉童　编著	采纳20年来的品牌策划方法，同时配有大量的案例	众包方式写作，丰富案例给人启发，极具价值
	今后这样做品牌：移动互联时代的品牌营销策略 蒋军　著	与移动互联紧密结合，告诉你老方法还能不能用，新方法怎么用	今后这样做品牌就对了

续表

品牌	**中小企业如何打造区域强势品牌** 吴之　著	帮助区域的中小企业打造自身品牌,如何在强壮自身的基础上往外拓展	梳理误区,系统思考品牌问题,切实符合中小区域品牌的自身特点进行阐述
渠道通路	**快消品营销与渠道管理** 谭长春　著	将快消品标杆企业渠道管理的经验和方法分享出来	可口可乐、华润的一些具体的渠道管理经验,实战
	传统行业如何用网络拿订单 张　进　著	给老板看的第一本网络营销书	适合不懂网络技术的经营决策者看
	采纳方法:化解渠道冲突 朱玉童　编著	系统剖析渠道冲突,21个渠道冲突案例、情景式讲解,37篇讲义	系统、全面
	学话术　卖产品 张小虎　著	分析常见的顾客异议,将优秀的话术模块化	让普通导购员也能成为销售精英
	向高层销售:与决策者有效打交道 贺兵一　著	一套完整有效的销售策略	有工具,有方法,有案例,通俗易懂
	通路精耕操作全解:快消品20年实战精华 周　俊　陈小龙　著	通路精耕的详细全解,每一步的具体操作方法和表单全部无保留提供	康师傅二十年的经验和精华,实践证明的最有效方法,教你如何主宰通路

思想·文化

	书名.作者	内容/特色	读者价值
思想·文化	**每个中国人身上的春秋基因** 史贤龙　著	春秋368年(公元前770－公元前403年),每一个中国人都可以在这段时期的历史中找到自己的祖先,看到真实发生的事件,同时也看到自己	长情商、识人心
	史幼波中庸讲记(上下册) 史幼波　著	全面、深入浅出地揭示儒家中庸文化的真谛	儒释道三家思想融汇贯通
	史幼波心经讲记(上下册) 史幼波　著	句句精讲,句句透彻,佛法经典的多角度阐释	通俗易懂,将深刻的教理以浅显的语言讲出来
	史幼波大学讲记 史幼波　著	用儒释道的观点阐释大学的深刻思想	一本书读懂传统文化经典
	史幼波《周子通书》《太极图说》讲记 史幼波　著	把形而上的宇宙、天地,与形而下的社会、人生、经济、文化等融合在一起	将儒家的一整套学修系统融合起来